プロの小説家が教える

クリエイターのための
語彙力図鑑
上級編

著
秀島 迅
Jin Hideshima

JN208388

日本文芸社

はじめに

「大切な場面なのに、今ひとつ盛り上がりに欠けてしまう」

「もっと的確な表現がありそうだけど、頭に浮かばない」

「絶対に面白いキャラのはずが、どうやってもつまらない」

物語創作に関わる多くのクリエイターの方が、上記のような悩みを抱えています。そして、それらの原因は共通しています。

そう、『語彙力』です。

語彙力の欠落が、場面やキャラの描写の足かせとなり、情景や会話の表現の妨げとなっているのです。

厄介なことに、語彙力と文章力は密接につながっています。

つまり、語彙力が低ければ、当然、文章力が乏しくなり、頭のなかで象られているはずのシーンもキャラクターもきちんとイメージ通りに描けません。

これは創作者にとって致命的なマイナス要因といえるでしょう。

小説やラノベは言うに及ばず、漫画も映画もドラマも、まず文章によってプロットやストーリーラフを書き、それで面白ければ本制作の段階に入れるのが一般的なクリエイティブワークだからです。

ただし、ご安心ください。

語彙力はあくまで後天的な知見。その気になれば拡充できます。文章力同様に、飛躍的に伸ばすことが可能です。

そのためには使用頻度の高い語彙の特徴や扱い方、表現上のルールとコツをマスターしなければなりません。

小説をはじめとする物語創作で必要不可欠なのは「読みやすくて、わかりやすい文章」。イコールそれは、的確な表現を含む簡潔な文章であり、多彩な語彙を思いのままに使いこなすリズム感に満ちた美しい文章でもあります。

もしあなたがプロの作家を目指すなら、是が非でもこのレベルまで到達しなければ、夢は叶わないでしょう。

そんなワンランク上を志すクリエイター諸氏に向けたのが本書です。最短効率で語彙力の向上を図るべく、プロの知見や技巧を余すところなくまとめました。

この一冊で悩みを解消すると同時、イメージのさらに上をいく表現力と描写力を獲得し、あなただけの物語を完成させてください。

物語創作に欠かせないのは
慎重な語彙選びと推敲(すいこう)

語彙の選び方次第で伝わり方は異なる

　あなたが立つ広大な大地に、視界の限りどこまでも伸びる道があったとしましょう。

　たとえば以下のように、その道に対する表現はさまざまです。

> A 「一直線の道」
> B 「ずっとまっすぐな道」
> C 「えんえんと続く一本道」
> D 「ただ途方もなく長い道」

　A は見たままを言い表していますが、B には少しも曲がることのない道へのちょっとした驚きや感嘆が伝わってきませんか？　C だと驚きよりもやや呆れに近い情感が含まれ、D からはこの道を進むことへの諦めにも似た気持ちが感じとれます。

　もちろん、これら4つの例は微細なニュアンスの差異なので、違った捉え方をした人もいるはずです。それはそれで構いません。ここでの論点は、**目の前にあるひとつの風景であっても、語彙の選び方次第で伝わり方が微妙に異なってくるということ**。さらには書き手の思いや心情までが、短いセンテンスから滲み出るように読み手に伝わってしまうことです。

重要なのは第二稿に取り組む際の推敲

　小説のように長い文章で構成される物語であれば、ひとつひとつの語彙のつながりが、より大きなうねりとなって書き手の心を映し出します。あるいは意図しない方向で読者が文意を捉え、誤解されることもあるでしょう。つまり物語創作において語彙選びとは、それほど大切な役割を担います。となれば慎重に意味を吟味し、最適な表現を模索・厳選しなければなりません。

　そこで重要となるのが、**はじめて原稿を最後まで書き上げた第一稿から第二稿に取り組む際の推敲です。**

　とにかく結末まで書くことに専念する第一稿は、多くの箇所で語彙の重複や表現の齟齬が見受けられます。それらを徹底的にブラッシュアップし、丹念に一言一句を書き直す第二稿こそが、読者側へと寄り添った原稿に仕上がる第一歩といえます。語彙を突き詰めるこの再選択作業なくして作品は仕上がりません。そしてこのプロセスこそ、書き手の語彙力が試される正念場となります。

語彙力が高いとは難解な熟語を使うことではない

わかりやすさと臨場感と雰囲気が大切

　書き手に求められる語彙力は、日常会話やビジネスシーンで使われる言葉とは異なります。文章でストーリーを綴り、登場人物の会話や心情も、すべて文字で表現しなければなりません。

　それゆえ読者の視覚に訴えかける〝わかりやすさ〟と〝臨場感〟と〝雰囲気〟が三位一体となった描写スキルが語彙力として求められます。

　「〝雰囲気〟ってどういうこと?」とよく質問されるので具体的に説明しましょう。たとえば5歳の男の子が深い森で母親とはぐれ、霊に遭遇した場面を描くとします。

「恐ろしいよっ!　お母さん、助けて!」Ⓐ

「こわいよう、おかあさん——た、たすけて……」Ⓑ

　2つの例文で語彙力が高い文章はⒷです。母親とはぐれた5歳の男の子が霊を見て叫んだ〝雰囲気〟がリアルに感じられるからです。子どもは「恐ろしい」という言葉を口語ではあまり使いません。「こわい」ほうがすっと口から出る単語です。しかもⒷはあえてひらがなだけ。これも書き手の描写スキルなのです。

　語彙力とは難解な熟語を使ったり、読めない漢字をこれみよがしに披露したりすることではありません。あくまで〝わかりやすさ〟と〝臨場感〟を伴った「生きた表現」が語彙力につながり、それらが積み重なると、文章力の高い作品として評価されます。

［ ヒット作から流行りの語彙を盗む ］

　語彙力を育んで伸ばす方法は2通りあります。

　ひとつは、とにかくヒット作を読むこと。「習うより慣れろ」方式で、読者の支持を集める人気作品に触れて〝生きた表現〟を学びましょう。

　その際、単語や言葉を拾うだけでなく〝流行りの語彙〟も盗むことです。昨今のヒット作にはネット文化に即した最新表現が詰まっています。テーマ性やメッセージを含め、優秀な編集者はこのあたりのマーケティングに非常に敏感で、〝流行りの語彙〟を取り入れ、「売れる言葉」を集約した文章テイストで書くよう作家に指示するケースが増えています。参考書だと思ってヒット作を日常的に通読することは必須といえます。

　もうひとつは**本書のような専門書で、描写スキルを向上させるための語彙のツボをマスターしていくこと**です。物語の執筆に使われる語彙は無限ではありません。集約された知見とノウハウを習得していくことは、何よりも近道となるでしょう。

物書き超必見！プロが教える ワンランク上の創作のお約束

物語創作で使用頻度の高い語彙を厳選

『上級編』とはじめて銘打った本書です。

大ヒットとなった語彙力図鑑シリーズ既刊との大きな違いは、さらに一歩も二歩も踏み込み、実践的な創作ノウハウや即戦力となる表現事例をふんだんに取り入れた点にあります。

チャプター構成では「感情」「アクション」「仕草」「状態」「情景」と、5つの分野で特に使用頻度の高い語彙を厳選しました。

PART.1の「感情」では、目で見えにくい人の内面をどのような着眼点で捉えて文章表現すべきか、その効果的な描写技法を解説し、それぞれの語彙が持つ深遠な意味にも触れています。

また、**喜怒哀楽に類する基本的な感情語彙を網羅したうえで、[嫌悪感][殺意][嫉妬][疑心暗鬼]といったネガティブ感情や犯罪の根源的動機となる邪な心にも言及しました。**

PART.2の「アクション」では、能動的行動を促す心理状態、知られざる表現手法について上級者向けに深掘りしています。

加えて、日本語の動詞には多義語が多いため、語彙バリエーションを格段に向上させる言い換えテクニックを具体例とともに多数紹介。さらに**実際の執筆に即して細かな表現ニュアンスを正確に伝えられる、会話文での応用テクニックをはじめ、さまざまな描写スキルをプロの経験値から教授します。**

語彙力と文章表現力向上の即戦力に

　PART.3 の「仕草」では、顔や身体の主要な部位の動きで一瞬の感情を伝えられる技巧を取り上げています。**実践的な切り口で解説し、執筆の即戦力となること間違いありません。**

　PART.4 の「状態」では、[死][病気][ケガ][裕福][貧困] といった、現実に人が直面する事態を描く際の重要ポイントと注意点を網羅しました。知られざる暗黙の法則について補完しながら、時代性を鑑みた観点で扱う際のアドバイスも施しています。さらに**創作において大きな武器となる、お約束事項や鉄板テンプレートも盛り込みました。**ぜひ参考にしてみてください。

　そして最終章となる PART.5「情景」では、**どんなジャンルの物語においても必要不可欠な題材、[太陽][月][春夏秋冬] といった自然環境と 1 日の時間帯別の語彙についてまとめました。**

　これらを習得すれば、語彙力と文章表現力の大いなる向上が叶い、物語の完成度を飛躍的に高められるでしょう。

本書の見方

この本の見方を
紹介するネモよ

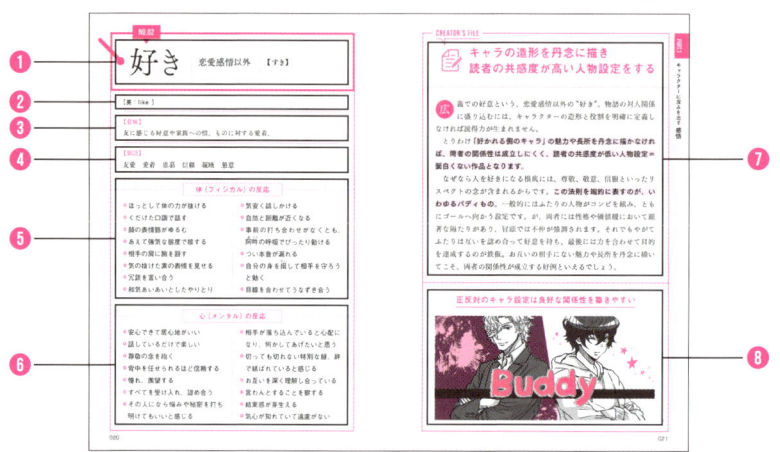

❶ 解説するテーマと読み仮名を記しています。

❷ テーマの英語表記を記しています。

❸ テーマの意味を記しています。

❹ テーマの類語を記しています。

❺ テーマの状態にあるときの、体の反応を紹介しています。

❻ テーマの状態にあるときの、心の反応を紹介しています。

※ ❺と❻の区分けは PART.1のみで、PART.2からは「関連語と文章表現」を紹介しています。

❼ 物語に該当テーマを取り入れるときのコツを解説しています。

❽ テーマに関連することを、イラストや図でわかりやすく取り上げています。

巻末企画

実践してコツをつかむ
クリエイター語彙力検定

本書の最後で、PART.1 ～ PART.5で取り上げた語彙を自分なりに書き分けるためのシートを用意しました。語彙を使って、実際に文章を書いてみましょう。

ハイクラスな表現を
考えてみるネモ

目次

はじめに 002

PROLOGUE 1

物語創作に欠かせないのは慎重な語彙選びと推敲 004

PROLOGUE 2

語彙力が高いとは難解な熟語を使うことではない 006

PROLOGUE 3

物書き超必見！プロが教えるワンランク上の創作のお約束 008

本書の見方 010

PART.1 キャラクターに深みを出す 感情

本章のPOINT 感情の種類を把握してキャラの魅力を引き出す ... 016

好き

恋愛感情 018

恋愛感情以外 020

喜び

自分がうれしい 022

他者への共感 024

怒り

自分が何かされたとき 026

親しい人が何かされたとき 028

悲しみ

自分に何かあったとき 030

親しい人に何かあったとき 032

楽しみ

ひとりで何かしているとき …… 034

誰かと何かしているとき …… 036

勇気 …………………………… 038

憧れ …………………………… 040

優越感 ………………………… 042

嫌悪感 ………………………… 044

屈辱 …………………………… 046

殺意 …………………………… 048

後悔 …………………………… 050

驚愕 …………………………… 052

呆れる ………………………… 054

困惑 …………………………… 056

不安 …………………………… 058

恥ずかしい …………………… 060

嫉妬 …………………………… 062

疑心暗鬼 ……………………… 064

威圧感 ………………………… 066

COLUMN 1 一般的な尺度を捨ててリアルな感情の変化を描く …… 068

PART.2 キャラクターの感情を映す
アクション

本章のPOINT キャラの気持ちや状況を考えて動作を決める …… 070

歩く …………………………… 072

走る …………………………… 074

持つ …………………………… 076

触る …………………………… 078

食べる ………………………… 080

飲む …………………………… 082

寝る …………………………… 084

起きる ………………………… 086

着る …………………………… 088

脱ぐ …………………………… 090

話す …………………………… 092

聞く …………………………… 094

見る …………………………… 096

学ぶ …………………………… 098

遊ぶ …………………………… 100

盗む …………………………… 102

逃げる ………………………… 104

隠れる ………………………… 106

殴る ………… 108

切る ………… 110

つきまとう ………… 112

COLUMN 2 筆力を磨くには映画のシーンを文章化する ………… 114

PART.3 キャラクターの細かい変化を表す
仕草

本章のPOINT 繊細な動きを描写して心の機微を伝える ………… 116

目 ………… 118

口 ………… 120

鼻 ………… 122

体 ………… 124

手・腕 ………… 126

足 ………… 128

その他 ………… 130

COLUMN 3 キャラを立たせるにはしゃべり方と口癖が重要 ………… 132

PART.4 物語の流れを方向づける
状態

本章のPOINT 主人公とライバルの「状態」は反対なのが鉄板 ………… 134

死・仮死 ………… 136

病気 ………… 138

ケガ ………… 140

不衛生 ………… 142

酔う ………… 144

裕福 ………… 146

貧困 ………… 148

COLUMN 4 逃げ場なしの窮地は没入感と共感を誘う ············ 150

PART.5 漂う雰囲気を演出する
情景

本章のPOINT 時代や季節、時間帯で物語の方向性を示す ········· 152

太陽 ······················ 154
月 ························· 156
春 ························· 158
夏 ························· 160
秋 ························· 162

冬 ························· 164
朝 ························· 166
昼 ························· 168
夕方 ······················ 170
夜 ························· 172

COLUMN 5 緻密な情景描写は読み飛ばされる？ ·················· 174

検定 実践してコツをつかむ
クリエイター語彙力検定

感情編① ················· 176
感情編② ················· 178
アクション編 ············ 180
仕草編 ··················· 182

状態編 ··················· 184
情景編 ··················· 186
解答編 ··················· 188

おわりに ··· 190

感情

キャラクターに深みを出す

愕み

驚

恥ずかしい

愕し

驚

楽し

圧

威

屈辱

憧れ

感

疑心暗鬼

困

惑

勇気

嫉妬

喜び

優越感

PART. 1

感情の種類を把握して
キャラの魅力を引き出す

　物語の創作において、必ず考えなければならないのは登場人物たちの感情をどう表現するかということです。

　「好き」という感情を伝えるにしても、表現の仕方は無限にあります。恋愛感情の「好き」なのか、友情の「好き」なのか、その種類もさまざまです。

　そんな感情表現をうまく使いこなし、**人物の性格や描きたい場面の状況に合わせて表現を変えられれば、その人物が持つ魅力をうまく引き出すことができるでしょう**。ストレートに感情を伝えたり、あるいは遠回しにさりげなく伝えたりと、どう描くかは書き手の腕の見せど

感情

ころでもあります。

　また、感情の強さがどれほどなのかの書き分けも重要です。たとえば、深い悲しみに暮れている描写を浅い表現で書いてしまうと、伝えたい状況が読者にうまく伝わりません。それどころか、あらぬ勘違いをさせてしまう可能性も。

　そういった事態を防ぐには、感情の種類を把握し、表現の幅を増やしていくことが有効です。PART.1 では、主な感情について細かく種類分けし、それぞれの場合の体・心の反応を取り上げています。

　ぜひ、ボキャブラリーを広げていくのに役立ててください。

好き

恋愛感情 | 【すき】

[英：love]

【意味】
恋情がからんだ好意。

【類語】
恋　色恋　懸想　恋慕　傾慕　寵愛　愛欲

体（フィジカル）の反応

- ドキドキと胸が高鳴る
- ズキズキと胸が痛む
- 相手を目の前にすると思うように体が動かない
- 気づくと相手を目で追っている
- 目が合うと体温が一気に上がる
- いつもの景色がパッと華やかに色づいて見える
- 手のひらに汗が滲む
- 物思いに耽るあまり、ごはんがのどを通らない
- ぽうっと頬が赤く染まる
- うまく言葉が出てこない
- 相手を想うと自然と目尻が下がり、笑みがこぼれる
- 痺れるような衝撃が体に走る

心（メンタル）の反応

- 感情が相手次第で揺れ動く
- 囚われたように陶酔する
- どんなに些細なことでももっと相手を知りたい
- ほの暗い嫉妬が顔を出す
- 浮かれて期待感にあふれる
- いざ対峙すると緊張する
- 切なさで胸が苦しい
- あれこれ悩みが尽きず、ひとり思い詰める
- 心を奪われ恍惚とする
- そわそわとして落ち着かない
- トキメキで胸が満たされる
- 会えない日は喪失感がつのる
- みだらな想いに溺れる
- 未練を感じてやるせない

CREATOR'S FILE

恋に悩むネガティブ描写も入れて リアルな恋愛模様を演出する

誰かに恋して恋愛感情を抱いているときは、いつもハッピーというわけではありません。むしろその対極の、辛くて苦しい綱渡り状態だと理解しましょう。

"好き"になること自体はポジティブな気持ちの表れですが、**自分の想いが実らなければ深い喪失感や挫折感に苛まれ、激しい自己嫌悪に襲われます。**物語の登場人物が誰かに恋した心情を描く際は、高揚するアゲアゲなメンタルを一本調子で表現するのではなく、もし恋が成就しなかったら……という不安でネガティブな一面を描写してこそリアリティが生まれます。

同様に、「僕は君が好きだ！」と、ただやみくもに「好き」という語彙を乱発すべきではありません。相手に馳せる想いは多種多様。**交際したいのか、結婚したいのか、など、その深度レベルまで言及しなければキャラクターの本気度は読者の心に刺さらず、うわべだけの表現で終わってしまいます。**

恋愛感情は場面ごとの紆余曲折が重要

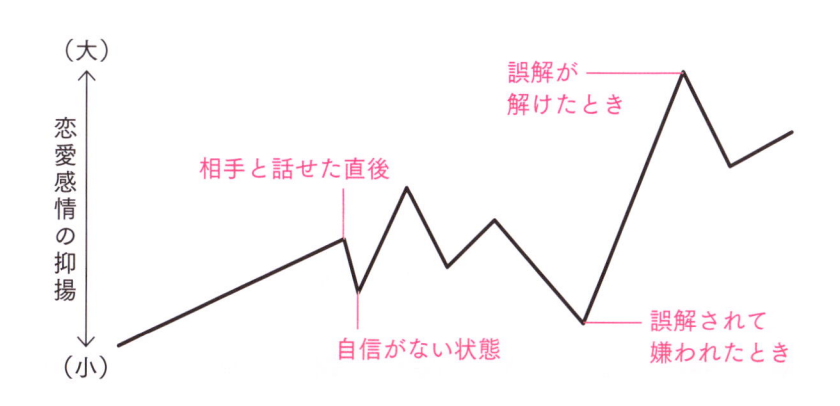

好き

恋愛感情以外 【すき】

［英 ： like］

【意味】

友に感じる好意や家族への情、ものに対する愛着。

【類語】

友愛　愛着　思慕　信頼　親睦　懇意

体（フィジカル）の反応

- ほっとして体の力が抜ける
- くだけた口調で話す
- 顔の表情筋がゆるむ
- あえて強気な態度で接する
- 相手の肩に腕を回す
- 気の抜けた素の表情を見せる
- 冗談を言い合う
- 和気あいあいとしたやりとり
- 気安く話しかける
- 自然と距離が近くなる
- 事前の打ち合わせがなくとも、阿吽（あうん）の呼吸でぴったり動ける
- つい本音が漏れる
- 自分の身を挺（てい）して相手を守ろうと動く
- 目線を合わせてうなずき合う

心（メンタル）の反応

- 安心できて居心地がいい
- 話しているだけで楽しい
- 尊敬の念を抱く
- 背中を任せられるほど信頼する
- 憧れ、羨望する
- すべてを受け入れ、認め合う
- その人になら悩みや秘密を打ち明けてもいいと感じる
- 相手が落ち込んでいると心配になり、何かしてあげたいと思う
- 切っても切れない特別な縁、絆で結ばれていると感じる
- お互いを深く理解し合っている
- 言わんとすることを察する
- 結束感が芽生える
- 気心が知れていて遠慮がない

キャラの造形を丹念に描き 読者の共感度が高い人物設定をする

広義での好意という、恋愛感情以外の〝好き〟。物語の対人関係に盛り込むには、キャラクターの造形と役割を明確に定義しなければ説得力が生まれません。

とりわけ**「好かれる側のキャラ」の魅力や長所を丹念に描かなければ、両者の関係性は成立しにくく、読者の共感度が低い人物設定＝面白くない作品となります。**

なぜなら人を好きになる根底には、尊敬、敬意、信服といったリスペクトの念が含まれるからです。**この法則を端的に表すのが、いわゆるバディもの。**一般的にはふたりの人物がコンビを組み、ともにゴールへ向かう設定です。が、両者には性格や価値観において顕著な隔たりがあり、冒頭では不仲が強調されます。それでもやがてふたりは互いを認め合って好意を持ち、最後には力を合わせて目的を達成するのが鉄板。お互いの相手にない魅力や長所を丹念に描いてこそ、両者の関係性が成立する好例といえるでしょう。

正反対のキャラ設定は良好な関係性を築きやすい

喜び

自分がうれしい 【よろこび】

［英：happy ］

【意味】

自身にとって好ましいことが起こり、うれしく思う。

【類語】

歓喜　欣悦　喜悦　幸せ　満足感　達成感

体（フィジカル）の反応

- うれしさのあまり涙を流す
- スッとして体が軽くなる
- 全身に力がみなぎる
- はしゃいで跳び上がる
- 自慢げにほくそ笑む
- しわが寄るほどの満面の笑みを浮かべる
- ガッツポーズをとる
- 目にキラキラと輝きが灯る
- 弾んだ大声が出る
- じっとできなくて動き回る
- ルンルンとスキップする
- 何をするにも鼻歌が混じる
- はつらつとした明るい態度
- 胸を張って堂々と歩く
- 陽気に小躍りする

心（メンタル）の反応

- 楽しくて朗らかなムード
- すっきりとした晴れやかな気分
- 陶酔するような幸福感に満ちる
- ほくほくと充足感に包まれる
- 褒め言葉に有頂天になる
- 興奮して我を忘れる
- 自身を取り巻くすべてのことがうまくいく気がしてくる
- 不安や不快感が消え去る
- 優越感に浸る
- 生き生きとした高揚感
- 頭のなかをうれしさが占拠する
- 温かさがこみあげてくる
- 前向きな思考になる
- 成功の先に、新たなプレッシャーとやりがいを感じる

"喜び"で感動を誘うには
苦難や葛藤の描写も不可欠

自身の好ましい状況に対して発せられる感情の"喜び"。現実世界で自分が喜ぶ瞬間とは、少なからず自己実現ができた証です。つまりウエルカムなメンタル状態であることは間違いありません。

さて、物語においてはどうでしょうか?

たとえば些細なことでいつも喜んではしゃぐ主人公。

読者目線として心から応援したいキャラに映りますか?

答えは、NO です。

人間の心理として、喜んでいる他人を見て、自分まで心からハッピーになれる奇特な人はそうそういません。物語でも同様です。主人公が本心から喜ぶ場面をラストの一瞬にとどめてこそ、そこに至るまでの苦難や葛藤が報われて読者の共感を誘うというもの。**低いハードルをクリアするたびに喜ぶ主人公であれば、読者は読後のカタルシスを得られなくなります。**物語に感動のうねりを形成するには、主人公のぬか喜びは避けましょう。

主人公の溜めに溜めた感情はラストの一瞬にとどめる

ヤッター!

喜び

他者への共感　【よろこび】

［英：empathy ］

【意味】

他者に共感し、その幸せをうれしく思う。

【類語】

厚情　祝福　慶祝　祝賀　感謝　調和

体（フィジカル）の反応

- 顔をほころばせる
- 相手に祝福の拍手を送る
- ほっと胸を撫で下ろす
- 抱き合って喜びを分かち合う
- 優しい表情を浮かべる
- ハイタッチする
- 反射的に立ち上がって、大きな歓声を上げる
- 腕を突き上げる
- 興奮から頬に赤みがさす
- 相手のもとに駆け寄る
- 口笛を吹いて相手のことを褒めたたえる
- 安堵のあまり、感極まって涙が静かに頬を伝う
- 大げさに騒ぎ立てる

心（メンタル）の反応

- 相手にいい出来事が起こると自分のことのようにうれしい
- じんわりと胸が温かくなる
- 相手を誇らしく思う
- 共感して感動に浸る
- ほっとした気持ち
- ウキウキと胸が弾む
- ふわふわと浮き立つ
- スーッと爽やかな気分
- 楽しくてうずうずする
- 日向のように明るく、前向きなマインドが心を占める
- 緊張や不安で張り詰めていた胸の内が柔らかくほぐれる
- 相手と打ち解ける
- 希望や期待で胸がふくらむ

「いい人」を手っ取り早く描くには相手の身になって同調させる

前 頁にて、「喜んでいる他人を見て、自分まで心からハッピーになれる奇特な人はそうそういません」と書きました。

しかし、物語世界では異なる場合があります。

他人の〝喜び〟で自分もまた喜べるという人物を描くことで、その内面を効果的に打ち出す手法が確立されているからです。

これは相手の身になって同調できる、いわば「いい人」造形テクニックのひとつ。もっとも有効な設定は、仲間と友情を重んじるヒーロー物語の主人公でしょう。

自らの気持ちより周囲の人との協調と共感を優先すれば、正義漢としての優しさや慈悲深さをアピールできます。また、他者の喜びに共感できるなら、他者の痛みをも自分のことのように感じられる、度量の大きさを印象づけられます。

ただしここで大切なのは、さりげなく表現すること。あからさまな印象操作は逆効果に転じてしまうリスクがあります。

他者への共感はさまざまな内面をアピールできる

優しさ

度量の
大きさ

慈悲深さ

怒り

自分が
何かされたとき

【いかり】

［英：angry］

【意味】

自分に関することで腹が立ち、不快感がつのる。

【類語】

憤怒　不愉快　鬱憤　私憤　立腹　激昂

体（フィジカル）の反応

- 指先が白くなるほどこぶしを強く握り締める
- いら立って舌打ちする
- 無意識に唇や爪を噛む
- 荒々しい声で怒鳴る
- 恐ろしいほどの剣幕
- 胃のあたりがむかむかする
- こめかみに青筋が浮き出る
- むくれてそっぽを向く
- ものに怒りをぶつける
- 激しく貧乏ゆすりをする
- 頬をぷくっとふくらませる
- ろくに返事をしない
- 口をとがらせてぶつぶつと文句を垂れ流す
- わざとらしくため息をつく

心（メンタル）の反応

- 終始落ち着かない気分
- 不満で納得いかない
- それまでの楽しい気分が急降下して消え失せる
- むしゃくしゃする
- 自暴自棄になる
- モヤモヤが胸にわだかまる
- 黒い感情が激しく燃え立つ
- 憎しみに支配される
- ありえない事態に呆れかえる
- 理不尽さを感じ、やるせない
- 不愉快でたまらない
- じりじりとした焦燥感やもどかしさに駆られる
- 些細なことでむきになる
- 何もかもが気に入らない

悪役にお門違いの逆恨みをさせて主人公（正義）を正当化する

 喜 怒哀楽のうち、キャラクターを造形するうえで、もっとも人間性を深掘りして描ける感情が〝怒り〟だといわれます。

　では、激しい怒りを覚えて臨界点を突破したとき、本人はどのような行動に出るでしょうか？

　顕著な反応のひとつが、怒りをもたらした相手への復讐です。

　物語上で[怒り]→[復讐]という鉄板公式が古くから取り入れられているのは、古くは「目には目を」というハンムラビ法典の報復律に倣い、怒りによるリベンジ行為が正当化されるため。

　とはいえ令和の現代では、復讐という建前があろうと、怒りに任せた過度な報復劇は読者をドン引きさせるおそれがあります。

　ここでお勧めするのが、悪役の敵側に過剰な怒りを抱かせる手法。**それもお門違いの逆恨みであれば、迎え討つ正義側が正当化されます**。いずれにせよ怒りを物語に組み込めば、登場人物の行動原理を確立しやすく、展開を盛り上げる牽引力が生まれます。

過剰な報復劇は特定ジャンルでしか描けない

- バイオレンス
- ノアール
- ハードアクション
- ホラー

怒り

親しい人が
何かされたとき

【いかり】

［英：mad］

【意味】

親しい人が何かされて憤りを感じる。

【類語】

憤慨　激怒　不服　悲憤　公憤　義憤

体（フィジカル）の反応

- 頭に血がのぼる
- 興奮して動悸がする
- 地団駄を踏む
- 腕を組んでムスッとする
- 悪者を白い目で見る
- カッと体温が上昇する
- 表情をくもらせる
- 眉間にぐっとしわが寄る
- 力いっぱい手を握りしめてこぶしを固くする
- ストレスで息が詰まる
- 硬い声色で話す
- わなわなと肩を震わせる
- 衝撃に顔から血の気が引く
- 怒りで顔が真っ赤に染まる
- 耳がキーンと鳴る

心（メンタル）の反応

- 当事者のことが心配になる
- かわいそうだと感じ、憐れむ
- 悲しみであふれる
- やるせなさを覚える
- 切なく、苦々しい気持ち
- ガラスが割れたように心が痛む
- しんみりとした気分
- 不快ですっきりしない
- 腹の虫が治まらない
- 悔しくてやりきれない
- 取り乱して荒ぶる
- 冷静さ、客観性を失う
- 歯がゆくて気が気ではない
- 嘆かわしく思う
- 当事者の怒りを代わりに背負っているような意識を抱く

2度3度と不幸を畳みかけて ドン底に落としてから復讐スタート

自分自身ではなく、ごく近しい間柄の人が災禍に見舞われ、不幸な出来事が起きたとしましょう。前頁では激怒した本人による復讐について解説しましたが、親友や家族が何らかの被害を被って生まれる〝怒り〟を扱う際は気遣いが求められます。**直ちに憤激へと発展するのは性急すぎて不自然だからです。**

まず、衝撃は哀しみをもたらし、時間の経過とともに憤りへと変わり、やがて怒りに派生していきます。とはいえ怒りの次に復讐がくるかといえば、それも時期尚早。たとえば愛する人を奪われた主人公の怒りを描く物語の場合、必要なのは「溜め」です。

直情的に激怒していきなり報復措置へと動いてしまえば、読者は同情する余地を失い、主人公の行動に自身の感情をシンクロできません。**物語においては、2度3度と不幸を畳みかけ、主人公をさらなるドン底に落とすことが重要なポイント**。そこからの再起なら怒りに任せた行動に誰もが拍手喝采するものです。

3段階のドン底からの〝怒り〟が重要なポイント

1回目の不幸

2回目の不幸

3回目の不幸

怒り

悲しみ

自分に
何かあったとき

【かなしみ】

［英：sadness］

【意味】
よくないことが起こって気分が沈む。

【類語】
悲哀　悲愴　哀切　傷心　痛哭　憂愁

体（フィジカル）の反応

- がっくりとうなだれる
- 重たいため息が出る
- 帰り道をトボトボと歩く
- 満身創痍でひざまずく
- 泣きながら崩れ落ちる
- 手で顔を覆い、しょげる
- 泣き腫らして目もとや鼻のまわりが赤くなる
- 忍ぶようにすすり泣く
- こらえきれず、むせび泣く
- 嗚咽を漏らす
- 悲鳴を上げてへたり込む
- ぼう然と立ちすくむ
- 食欲がなくなる
- 泣きすぎて過呼吸になる
- がっくりと肩を落とす

心（メンタル）の反応

- よくない感情ばかりが頭のなかで渦を巻く
- 自分の殻に閉じこもる
- やる気がまったく起きない
- 喪失感に苛まれる
- 辛くて胸が張り裂けそう
- 不安でいっぱいになる
- 何度もその出来事を思い出す
- 孤独感が高まってさびしい
- 憂いが濃く広がっていく
- 誰かにすがりつきたい
- ぽっかりと胸に穴が開いたようなむなしさ
- そっとしておいてほしい
- どうしようもなく気分が沈んで暗い考えが占領する

悲しみに直面したときの典型的な３つの人物パターン

深い〝悲しみ〟に襲われる主人公を描く際は、キャラクターの性格を突き詰め、どのような変化を遂げていくかをタイプ分けする必要があります。例として、悲しみに直面した場合の３つの典型的な人物パターンを以下に挙げてみました。

> ① 悲嘆に暮れて引きこもり、外界を完全シャットアウトする
> ② 満身創痍になりながらも再起のきっかけを模索する
> ③ 逆境をバネにするポジティブさで本心をひた隠して頑張る

　これらを見ておわかりの通り、**悲しいという感情はキャラ属性を明確にし、さらに人としての強さ・弱さ、人生観・世界観といった在り方まで浮き彫りにする効力を備えます。**

　一方で物語の可能性とは、①の弱々しいタイプであっても、ほかの登場人物による働きかけで、②や③へと成長していける点にあります。葛藤や苦難をもたらす自身への悲しみは、展開を動かすフラグであると同時、事態好転のスイッチと捉えましょう。

〝悲しみ〟はキャラクター造形の分岐点となる

再起への道

自滅への道

悲しみ

親しい人に
何かあったとき

【かなしみ】

［英：sympathy］

【意味】

よくないことが起こった人に同情し、憐れむ。

【類語】

憐れみ　哀惜　哀隣　感傷　同情　悲嘆

体（フィジカル）の反応

- 表情にかげりが出る
- 相手の沈んだ気持ちを受け止めるように抱きしめる
- 励ますように肩を抱く
- 相手に寄り添おうとして大きく相づちを打つ
- 共感の言葉を並べる
- 唇をきつく結んで黙り込む
- あえて明るく話しかけて相手の沈んだ気分を払拭する
- 背中をさすってあげる
- 優しく顔をのぞき込む
- のど奥が詰まった感じがして、うまく言葉が出ない
- ぽんぽんと頭を撫でる
- 相手の手に自分の手を重ねる

心（メンタル）の反応

- 見ているだけで痛ましい
- 気の毒でかわいそうだと思う
- しょんぼりする
- 何か手助けしてあげたい
- 胸がきゅっと苦しい
- 相手に共感して、重しが載っかったように気分が沈み込む
- しんみりした気分
- 相手のことがどうも気にかかって落ち着かない
- とにかく相手に気を配る
- 暗く寂れた不安感が心につっかえてとれない
- 当事者ではないゆえにじれったさを感じる
- モヤモヤとして元気が出ない

慰め方の微妙な差異から
キャラ間の親密レベルが読みとれる

親しい人が〝悲しみ〟に打ちひしがれているとき、向き合う態度や言動で人格が顕在化します。ドラマ性を重視した作品では人間関係と人物造形が要となり、そうした**反応の差異を自在に文章化できる技巧を磨けば、リアルなキャラクター描写が可能となります**。以下では3タイプの反応例を挙げてみました。

① 号泣／失意	当人と同様に嘆き悲しみ、深く気持ちを同調させる	
② 憐憫／可哀想	一定の距離を置きながら悲しみを共有する	
③ 慰撫／激励	友人的な立場で同情的なアドバイスを施す	

どれもが悲しみに寄り添った反応ですが、微妙に距離感が異なります。ここでのポイントは、**悲しみに打ちひしがれる当人との親密レベルが①～③の差異から推し量れること**。さらに性格的傾向も読みとれるため、各々の人物イメージを高められます。

多様な感情の機微の書き分けは筆者に欠かせない能力のひとつではあるものの、それには豊富な語彙力が欠かせません。

ちょっとした距離感の違いで親密度が顕在化する一例

楽しみ

ひとりで何か
してるとき

【たのしみ】

[英：enjoyment]

【意味】

好きなことに励んで心が弾む。

【類語】

愉快　愉楽　快楽　興奮　夢中　享楽

体（フィジカル）の反応

- 明るい歌を口ずさむ
- にこにこと微笑む
- じっとしていられなくて足をバタバタさせる
- 足どりが軽くなる
- 思わず独り言が大きくなる
- 腕を大きく振って歩く
- 目が生き生きと輝く
- 集中するあまり周りの声がまったく聞こえない
- 肩の力がすとんと抜ける
- 思い出し笑いする
- 弾むように体を揺らす
- 口角が上がりっぱなし
- 体がぽかぽかと火照る
- 目尻にしわを寄せる

心（メンタル）の反応

- わくわくして昂った状態
- 嫌なことや悲しい出来事を忘れてひたすらに没頭する
- 面白くて興味を引かれる
- 幸せで満ち足りた気分
- 機嫌がよく、大抵のことなら許せてしまう
- うっとりと悦に浸る
- 喜びで舞い上がる
- 緊張がやんわりほぐれる
- 明るい気持ちがどんどん胸のうちに広がっていく
- 自分だけの娯楽という特別感
- 安らかで心地よい
- これからの素敵な展開を考えてウキウキする

"楽しみ" を表現するには 具体的な行為や対象を描く

人生において "楽しみ" を見出し、それに興じることは、日々のささやかな喜びであると同時、生きがいにもつながっていきます。ところが**個人的にひとりで楽しむ行為は、表現によってはどこか否定的でうしろめたい空気が流れます。**

たとえば「悦楽に浸る」「快楽に溺れる」「享楽に耽る」など、ともすれば沼的で危ないニュアンスが滲み出てしまいます。

一方、「趣味に没頭する」「スポーツに打ち込む」と書けば、不健全な沼感は払拭され、むしろストイックさが漂います。

この違いは「楽」という字に、苦痛や試練から逃れるという意味が含まれるからでしょう。語彙の組み合わせ次第では現実逃避を想起させ、**このあたりが漢字表現独特の難しさといえます。**

私の場合は執筆に際して、「ひとり時間を楽しむ」「好きなことを楽しむ」といった抽象的表現を避け、具体的な行為や対象を文章化するよう心がけています。参考にしてみてください。

"楽しみ" にはいろいろな形があるので要注意

楽しみ

誰かと何か
してるとき

【たのしみ】

[英：pleasure]

【意味】

誰かと一緒に過ごし、何かに打ち込んで充足感を得る。

【類語】

謳歌　交歓　満喫　堪能

体（フィジカル）の反応

- 歯を見せて弾けるように笑う
- にぎやかに騒ぐ
- 笑いすぎて腹がよじれる
- 駆け出したいほどに体がうずうずとしてくる
- 調子に乗っておどける
- はしゃいだことで、ほどよい疲労感が全身に広がる
- 口数が多くなる
- 体からだるさが消える
- 手を叩いて笑い合う
- 肩を組んで連れ立つ
- 大きなリアクションをとる
- スキンシップが多くなる
- ぴょんぴょん飛び跳ねる
- 意味もなく動き回る

心（メンタル）の反応

- 時間が経つのを早く感じる
- よどみなくすっきりと晴れやかな気持ちになる
- ストレスからの解放感
- ふわふわして、ほんのりと温かいような気分
- テンションが上がる
- 浮かれていい気になる
- そこにいる人々との間に一体感が生まれる
- この時間が終わってほしくない
- 些細なことでもすごく面白いことのように感じる
- 和やかで満たされている
- 落ちこんでいた気分が華やぐ
- 活発で前向きな思考

″楽しみ″を共有する場面は
キャラの素の気持ちや感情が映る

展 開上、ほかの登場人物と″楽しみ″を共有する場面は、ストーリーを動かすうえで大いに役立ちます。

理由はいくつもありますが、主だったメリットを列挙します。

---

① キャラクターたちの人物造形が深まる
② 人間相関図をわかりやすく印象的に描ける
③ ストーリーのフラグとして活用できる
④ 見せ場としてメリハリが生まれて盛り上がる

たとえば主要登場人物がサーフィンやスカイダイビングといったスリリングなスポーツに興じるシーンを描けば、**①のように体格や身体能力はもちろん、メンタル面の個性を際立たせられ、かつ④のメリットも取り込めます。**また、ふたりで深夜のドライブを楽しめば自然の流れで会話が交わされ、②や③も落とし込めます。

楽しみを共有する場面は、素の気持ちや感情がぽろりとこぼれるシーンでもあります。活用しない手はないでしょう。

″楽しみ″を共有する場面を描くポイント

・前半部分で登場させて
　キャラクターを書き分ける

・共感されにくい（理解しにくい）
　楽しみを扱わない

・なるべく登場人物たちの会話を
　引き出して構成する

勇気 【ゆうき】

［英：bravery ］

【意味】
躊躇することなく物事に立ち向かう強い気持ち。

【類語】
勇敢　勇猛　勇壮　果敢　信念　豪胆　度胸

体（フィジカル）の反応

- 手や足にぐっと力がこもる
- しっかりとした鋭い目つき
- 歯を食いしばる
- ピンと背筋が伸び、堂々とした姿勢になる
- 凛とした仁王立ち
- 腕を組んでどっしり構える
- 率先して先頭を歩く
- 挑戦的な鬼気迫る表情
- 捨て身で突撃する
- 立ちはだかる壁をなぎ倒してぐんぐん進んでいく
- 体の内側でドクドクと鼓動が高く鳴り響く
- つい身を乗り出す
- 顔にぶわっと血色が戻る

心（メンタル）の反応

- 肝が据わっている
- 自信に満ちあふれる
- やる気にみなぎる
- 何が起ころうとも折れることのない、たくましい心構え
- 揺るぎない覚悟
- 一本の芯が通っている
- 思い切りがいい
- 努力を惜しまず全力を注ぎ込む
- 目標を達成するためなら手段を選ばない
- 自分を犠牲にしてまでも成功を目指して邁進する
- 燃え盛る闘争心
- チャレンジ精神が旺盛
- 頑固で我が強い

ストーリーを牽引するパワーの源
ただし、全部がポジティブではない

危 険や困難に躊躇することなく行動に移す〝勇気〟は、書いて字のごとく、勇ましい気持ちを表します。

あらゆるジャンルの物語で、勇気は劇的なエンディングへとストーリーを牽引するパワーの源。同時に、読者の没入感を最高潮に高めるトリガー的役割も果たします。

ただし、勇気にはいくつか種類があり、**必ずしもすべての勇気がポジティブな気持ちをさしません**。たとえば「無謀な」勇気。これは後先を顧みず猪突猛進する、いわば捨て身の決意。勇気とは名ばかりの自殺行為をさします。「耐える」勇気は断行を踏みとどまり、現状での守りを固める冷静沈着な判断です。そして「果敢な」勇気とは、是が非でも目標を達成する強固な意志で、チャレンジを成功へと導く熱量を持ちます。

物語創作では**これらの勇気をキャラ特性によって使い分け、一本調子にならないドラマティックな緩急を意識すること**が大切です。

キャラ別の勇気タイプを使い分けると展開が面白くなる

猪突猛進型

冷静沈着型

強固な意志型

憧れ 【あこがれ】

［英：longing］

【意味】

人物や物事に理想を抱き、強く惹かれる。

【類語】

憧憬　羨望　尊敬　願望　欲望　野心

体（フィジカル）の反応

- 理想の姿に目がくぎづけになる
- その人を前にするとちぐはぐな敬語で受け答えしてしまう
- そわそわして、居ても立っても居られない
- ぽかんと口が開く
- まぶしく見えて目を細める
- 圧倒的なオーラにたじろぐ
- 見入って言葉を失う
- その場にひれ伏す
- じわじわと体温が上がる
- 緊張して手汗が滲む
- 真剣な眼差しになる
- やる気にあふれた表情
- 目が燦々と輝き出す
- 落ち着きなく動き回る

心（メンタル）の反応

- 心を突き動かされる
- 目標となる人やものができて、上昇志向になる
- 希望で満ちあふれる
- 盲目的に追い求める
- こうしたい、ああなりたいと前向きな想像をふくらませる
- 今の状態では満足できない
- 尊敬の念を抱く
- 熱に浮かされたような状態
- うっとりと放心する
- 魅了されてのめり込む
- 恋にも似た感情
- 妬ましささえ覚えてしまう
- いろいろとその人について知るにつれ、真似をしたくなる

CREATOR'S FILE

"憧れ"は、すぐには 手が届かないからこそよい

ストーリーを考える初期段階で、主役や準主役に"憧れ"を持たせる手法があります。人、場所、職業——対象は何でも構いませんが、**すぐには手の届かない高みにあるほうがベター**です。

憧れには「理想」「夢」「目標」といった自己実現に深く関わる要素が含まれます。つまり憧れを抱く人物は、上昇志向が育まれ、努力や精進を惜しみません。こうした行動原理は読者の日常にリンクするため、共感度が高く、応援する気持ちを誘います。

では、憧れに手が届き、夢を叶えるラストシーンが喜ばれるかといえば、必ずしもそうではありません。時として憧れは、幻滅、反発、失望など、さまざまな負の感情をもたらし、気持ちを迷わせます。あるいは憧れ続けた何かは本当に追い求めるものと違った、という悲運も考えられ、厳しい現実が立ちはだかります。

それでも憧れとは誰にとっても尊い感情であり、物語の核となり得る見逃せないテーマのひとつ。研究してみてください。

"憧れ"を抱くことで十人十色のドラマが生まれる

彼女と交際する

スターになる

南の島で暮らす

優越感 【ゆうえつかん】

［英：a sense of superiority］

【意味】

自分が他者よりも優れていると思う。

【類語】

有頂天　陶酔　高慢　自惚れ　驕り

体（フィジカル）の反応

- 頬杖をついてくつろぐ
- ほっとため息がもれる
- さざ波のように穏やかな鼓動
- 意地悪くほくそ笑む
- 気どった態度をとる
- 出しゃばって、いわなくてもいい余計なことを口走る
- これ見よがしに威張る
- 自分より下だと認識した相手をあざ笑う
- 勝手気ままに振る舞う
- 周りの人に上から目線であれこれ指図する
- 大手を振ってドカドカと歩く
- 思わず頬がゆるむ
- ふんっと得意げに鼻を鳴らす

心（メンタル）の反応

- 緊張がほどけてゆったりとリラックスした状態
- 余裕が生まれる
- 染み入るような安堵感
- 悠然と構える
- 現状に満足している
- 驕り、うぬぼれる
- 成功続きで肩身が広い
- 毎日が楽しくなる
- 何でもうまくいきそう
- 天狗になって慢心が生まれる
- 自分を中心に物事が動いていくように感じる
- うららかで不安がない
- 自分の力を過信する
- すがすがしい気分

CREATOR'S FILE

自分が他者よりも優れていると思う気持ちはドラマを生みやすい

　人間関係を描くということは、他者との感情面での関わり合いを描くことです。**ところが書き手は、ストーリーを前に進めたいがため、登場人物の感情的な構図を疎かにしてしまいがち。**これは手痛いミスで、作品のリアリティを大きく損ないます。

　〝優越感〟は覚えておくと非常に便利な感情表現です。自分が他者よりも優れていると思うこの気持ちは、ある種のドラマを生みやすいからです。優越感を抱く人がいるところには、劣等感を持つ人も必ず存在します。人間関係におけるこうした感情の優劣は、侮蔑・嘲笑・嫌悪・背信から亀裂をもたらし、恐ろしい事件に発展させるにも好都合です。ミステリーでは登場人物たちのお約束の役割分担として古くから活用されています。

　ただし注意したいのは、**自分に自信があるプライドと、自分を大切にする自尊心と混同しないこと**。語彙が持つ感情属性は似ているものの、意味を正確に理解して書き分けましょう。

2つの感情のもつれが殺人事件を招くのは定番

劣等感　優越感

嫌悪感 【けんおかん】

［英：a feeling of disgust］

【意味】
人や物事に対して否定的な感情を抱く。

【類語】
不快感　不愉快　抵抗感　苦手　不得意

体（フィジカル）の反応

- 苦虫を噛みつぶしたような表情を浮かべる
- 冷や汗が噴き出す
- 悪寒がする
- 身震いがして鳥肌が立つ
- きつく眉をひそめる
- つい顔を背ける
- 口角がへの字に曲がる
- 吐き気をもよおす
- 拒絶反応が出る
- 体がずしっと重くなる
- あきれたようなため息を吐く
- 小言をつらつら吐き出す
- 引き気味に目を細める
- 対象からどうにか体を遠ざけようと動く

心（メンタル）の反応

- ぞわぞわと虫唾が走る
- なんだかいけ好かない
- いやでいやでたまらない
- むしゃくしゃする
- どんよりした重苦しい気分
- ストレスが溜まる
- いまいましさを覚える
- 視界に入るだけでイラつく
- げんなりして気が滅入る
- 反発心が芽生える
- 対象のことを理解したくないとさえ感じる
- 逃げ出したくなる
- 同じ空気を吸いたくない
- 不快で認めたくない
- 恨みをつのらせる

CREATOR'S FILE

周囲を見渡して身近にいる「嫌な奴」をサンプルにしよう

PART.1

キャラクターに深みを出す 感情

悪役としてのキャラ立ちを成功させるには、ほかの登場人物からはもちろん、**読者からも〝嫌悪感〟を抱かせる「嫌な奴」に仕立て上げることがポイント**。頭ではわかっていても、嫌悪感をいざなうキャラクターが具体的にどのようなタイプなのか、即答できる人は案外多くありません。そもそも嫌悪感とは「絶対に関わりたくない」「極力遠ざけたい」と思う気持ちです。以下に誰もが嫌悪感を持つ代表的な３大特性を挙げてみました。

まず、利己主義で、自らの利益しか考えないタイプ。次に、道徳や常識から著しく逸脱する、倫理観の欠落したタイプ。そして、清潔感がない不衛生タイプです。共通してどれもひとりよがりな唯我独尊型だということがおわかりいただけるでしょう。

いわば「嫌な奴」の３大条件であるこれら特性は、**現実世界でも同様に嫌われる対象です**。ふと周囲を見渡し、身近なサンプルをデフォルメして文章化してみるのも妙手かもしれません。

実生活でもあるあるな〝嫌悪感〟を抱いてしまうタイプ

利己主義

不道徳

不衛生

屈辱 【くつじょく】

［英：humiliation ］

【意味】

自尊心が傷つけられ、恥ずかしく感じる。

【類語】

恥辱　汚辱　侮辱　不名誉　汚名

体（フィジカル）の反応

- 強く歯ぎしりする
- か細い唸り声が漏れ出る
- 目をぎゅっとつぶって耐える
- 唇を血が滲むほど強く噛む
- 恥ずかしくなって顔を手のひらで覆い隠す
- 苦笑いして取り繕う
- 何も言えずに黙りこくる
- 望まない状況に納得がいかず、顔をしかめる
- ふらふらと壁に寄りかかる
- 膝をついて崩れ落ちる
- どんどんやつれていく
- ぶつくさ恨み言をつぶやく
- 悔しさに身もだえる
- いら立って頭をかきむしる

心（メンタル）の反応

- なんともきまりが悪い
- 悔しくて情けない
- 不甲斐なさや負い目を感じる
- 自信がなくなる
- 失意のどん底に沈む
- やるせない気持ちに襲われる
- 2度とこんな思いはしないようにと奮い立つ
- 敗北感を味わう
- これからどうしていけばいいのか途方に暮れる
- 世の中のすべてを恨む
- ふつふつと闘争心がたぎる
- 自分とは反対に成功した者のことをひがむ
- いたたまれない気分

CREATOR'S FILE

"屈辱"からの這い上がりは主人公にとって通過儀礼

力ずくでねじ伏せられ、屈服させられる"屈辱"。

多くの場合、物語の前半で主人公は敵役から辛酸を舐めさせられ、地べたに這いつくばるほどの屈辱を味わうのが定番です。

場面的に辛くて重い展開となるものの、これは主人公にとって通過儀礼のひとつ。**蘇生して回復することが大前提のお約束です。**

むしろ、前半部での屈辱なくしてストーリーがするすると順調に流れてしまえば、「結局、作者はこの作品で何が言いたかったのか？」とまで読者は不満の声を露わにするでしょう。

それくらいに屈辱とは主人公に課せられるべき修羅の道。

というのも読者が自身の姿を重ね合わせて感情を同調させる共感ポイントだからです。ゆえに主人公には鬱々たる屈辱を与えて苦しめましょう。ちなみに**雪辱とは恥をすすぐことを意味し、屈辱とは真逆の意味を持ちます。また、「雪辱を晴らす」ではなく[雪辱を果たす]＝[屈辱を晴らす]が正しい使い方です。**

屈辱の場面で応援する読者によって作品は支えられる

頑張れー！！

主人公

読者

殺意 【さつい】

［英：murderous intent ］

【意味】

相手を殺してしまいたいと思う気持ち。

【類語】

殺気　憎悪　遺恨　報復　敵意　害意　敵視　敵対心

体（フィジカル）の反応

- 相手につかみかかる
- 血走った目を見開く
- 血相を変える
- かっとなって暴力をふるう
- 頭に血がのぼる
- ドキドキと心臓が早鐘を打つ
- 興奮して顔が上気する
- 瞳の色が暗く濁る
- ぎりぎりと歯ぎしりする
- 強い感情をどうにか耐えようと下唇を噛む
- 口のなかがカラカラに乾く
- 額にじんわりと汗が滲む
- 手が小刻みに震える
- アドレナリンが放出してあまり痛みを感じない

心（メンタル）の反応

- 相手のことが憎くてたまらない
- 怒りにとらわれる
- 自暴自棄になる
- 自分では制御できないほどの興奮状態に陥る
- いやなことをされて逆上する
- どす黒くじめじめとした復讐心に駆られる
- 犯行を見られているのではと周囲の目に敏感になる
- 強い猜疑心を抱く
- モヤモヤが胸中でうず巻く
- 些細なことにムキになる
- 平常心に欠ける
- 反抗心がふくれ上がる
- 悪意に占領される

─ CREATOR'S FILE ─

〝殺意〟が芽生えた理由を
綿密に書き綴ることがポイント

物 語で描かれる〝殺意〟は大きく２つに分かれます。ひとつは発作的な激情で衝動的に人を殺すケース。もうひとつは計画的に方法やタイミングを考え抜いて犯行に至るケースです。

ミステリーで扱われる殺意は後者の場合が圧倒的に多く、殺人の動機、犯人捜し、密室の謎といった幾多のハードルをクリアしていくわけですが、その過程で書き損じてはならないポイントがあります。それは**加害者の感情の機微を綿密に書き綴ること**。というのも人は初対面の相手に殺意を抱くことなどまずありえません。むしろ最終的に殺意を抱くことになった相手への第一印象は、「尊敬」「信頼」といった好意的な感情のはず。それが「謀略」「背信」によって裏切られ、反転した「怒り」「恨み」を増幅させて「敵愾心(てきがいしん)」や「復讐心」に変わり、ついに殺意が芽生えます。

ある意味で**因果が巡る果てに引き起こされる殺人は、両者の業や悲哀を突き詰めてこそ、読者の心に強く刺さります。**

人が殺意を抱くに至る「段階的感情」を
突き詰めることが大切

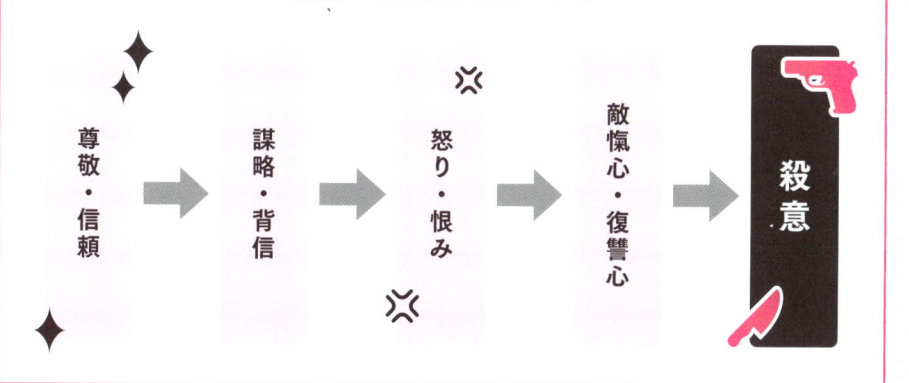

尊敬・信頼　→　謀略・背信　→　怒り・恨み　→　敵愾心・復讐心　→　殺意

後悔 【こうかい】

［英：regret ］

【意味】

自分の言動をあとになって悔やむ。

【類語】

悔悟　悔恨　痛恨　残念　未練　心残り

体（フィジカル）の反応

- 歯をぐっと食いしばる
- うずくまって頭を抱える
- 悔し涙がこぼれる
- 手をぎゅっと握りしめる
- 激しく地団駄を踏む
- 顔が燃えるように赤くなる
- 唇をきつく噛む
- じっとしていられない
- くしゃくしゃに顔を歪める
- 呆然とうなだれる
- 悲痛な嘆きがこぼれる
- ガクッとその場に崩れ落ちる
- 頭がキーンと痛くなってくる
- 手を額に当ててうつむく
- 体が重く、だるい
- 枕に顔を埋め、叫ぶ

心（メンタル）の反応

- もやもやとした気持ちが膨らむ
- なかなか諦めがつかない
- 失礼を働いた相手への申し訳なさでいっぱいになる
- くよくよ思い悩む
- 後味が悪くすっきりしない
- 罪悪感に押しつぶされそう
- めそめそして心が弱る
- 恥ずかしすぎて消えたい
- 自分の言動を反省する
- 自責の念に駆られる
- 犯してしまった過ちを思い出し、良心の呵責に苛まれる
- ただただ悲嘆に暮れる
- ほかのことが何も考えられない
- いやな出来事が反芻される

時間軸を自然に移動できる 物語を豊かにする逸材的感情

 人公には〝後悔〟させてください。これは物語創作の定石のひとつであり、以下がその理由です。

---

① 過去の背景を浮き彫りにできる
② キャラクター像の確立を助ける
③ 多角的な人間関係を描写できる
④ 物語のテーマ性を暗示できる
⑤ 主人公の人間的成長を描ける

　後悔を取り上げるメリットは、物語の時間軸を自然な流れで現在から過去へと移動できる点にあります。そこでの出来事や人間関係に触れることで、多面的な展開を可能にしてストーリーに奥行きを与えます。また、後悔からの学びを糧として前進するプロセスを盛り込めば、上記⑤の人間的成長をしっかりと描けます。

　後悔は物語を豊かにする逸材です。さらに**キャラクターの弱みや悔いが読者との接点となることも心に留めておきましょう。**

アメリカのベストセラー作家はこう語る

後悔とは人間にとって
不可欠かつ貴重であり、
人生を豊かにするものです

著書『THE POWER OF REGRET
振り返るからこそ、前に進める』より

ダニエル・ピンク氏

驚愕 【きょうがく】

[英：surprise]

【意味】

予想だにしない出来事に非常に驚く。

【類語】

吃驚　一驚　驚嘆　仰天　びっくり

体（フィジカル）の反応

- 目を大きく見張る
- ビクッと肩が跳ねる
- 素っ頓狂な声が出る
- 棒のように直立する
- ピタッと体が固まる
- 途端に動悸が激しくなる
- 現実なのかわからなくなり、辺りを見回す
- 思い切り目を逸らす
- 眉をつり上げる
- 下顎がだらんと落ちて、口がだらしなく開く
- 絶句して息を呑む
- 足の力が抜けてふらつく
- 腰が抜けて動けない
- 両肩をぶるぶる震わせる

心（メンタル）の反応

- とっさの出来事にうろたえて、ひどく混乱する
- 信じられない気持ちに支配される
- 頭が真っ白になる
- パニックに陥る
- 寿命が縮むほどの衝撃を受ける
- 戸惑いと焦りで頭がいっぱいいっぱいになる
- 放心状態を引き起こす
- 状況をうまく飲み込めない
- 何も頭に入ってこない
- おそろしい余韻に打ち震える
- ほかの誰かとこの衝撃的な事実を共有したい
- 喜びや悲しみが入り混じって複雑な感情になる

身体的な反応を文章に入れ込めば臨場感あふれるシーンが描ける

喜 怒哀楽などの感情と比べて、わかりやすくフィジカル面が反応する〝驚愕〟。「驚く」「びっくりする」と同義のこの語彙は、文章化する際にコツがあります。**単純に「彼女はひどく驚愕した」と驚いた様子を綴っても、読者にはリアルに伝わりません。**

その一方で、左頁にあるフィジカルな反応をバランスよく組み合わせれば、驚愕ぶりをありありと表現できます。

以下に例文を書いてみました。

> その瞬間、彼女は双眸（そうぼう）を見開き、整った弓なりの眉をつり上げた。下顎がだらんと落ち、うめき声すら発しない。棒のように直立したまま、しなやかな両肩をぶるぶると小刻みに震わせ始めたのは直後のことだ。

このように**身体的な動きを列挙するだけでも、ただならぬ驚きよう**を臨場感たっぷりに描写することが可能となります。

ポイントは体の一部分だけでなく、表情や顔のパーツ、全身の状態まで網羅すること。参考にしてみてください。

漫画やイラストで視覚的に状態を伝える訓練も大切

呆れる 【あきれる】

[英：astonished]

【意味】
想定外の事態や局面を目の当たりにして、あっけにとられる。

【類語】
唖然　呆然　愕然

体（フィジカル）の反応

- 間の抜けた表情
- 言葉もなく、ただその姿をぼんやりと見つめる
- 息をするのも忘れる
- キョトンとして立ち尽くす
- 開いた口が塞がらない
- ふっと体の力が抜けて、イスの背にもたれかかる
- ポリポリと頭をかく
- しようもなく嘆息する
- いぶかしさから怪訝なまなざしを向ける
- あざけるように鼻で笑う
- 失意のあまり、手足をイスからだらんと放り出す
- 肩を落としてため息を吐く

心（メンタル）の反応

- 幻滅して興ざめする
- なす術もなく途方に暮れる
- 度を超えた馬鹿さ加減に、心底うんざりする
- 言葉をかける気にもならない
- 思考が一時停止する
- 投げやりな気分になる
- すっかりやる気を削がれる
- 何がなんだかわからず困惑する
- 虚無感に襲われる
- いくら考えても、到底合点がいかない
- 気分がだだ下がりになる
- 情けなく思えてくる
- 不快感を滲ませる
- 期待した分、拍子抜けする

CREATOR'S FILE

"呆れる"の感情の先は
否定にも肯定にもなる

想定外の事態や局面を目の当たりにして、ただ途方に暮れる"呆れる"とは一時的に思考が停止し、反応すらできない呆然自失状態をさします。とはいえ、**頭が真っ白な状態はあくまで一瞬のこと。**直後には我に返って何らかのリアクションをします。ここがポイントです。呆れるという状況を描く際は、「呆れて○○する」と順接で続く場合と、「呆れたものの○○する」と逆接で続く場合があります。これにより感情の在り方が大きく分かれる点を認識しましょう。

例を挙げます。

「彼女は呆れて怒り出した」「彼女は呆れて愛想を尽かした」は、呆れた心情が強い否定の表れであることを意味します。一方、「彼女は呆れたものの笑い出した」「彼女は呆れたものの感心した」と逆接でつなげれば、呆れた気持ちが肯定的な心情へと急変したことを意味します。つまり、**両極端な感情の分岐点となるので、使い方次第で物語の流れを変える作用があります。**

呆れたあとには天国か地獄が待っている

困惑 【こんわく】

［英：puzzled］

【意味】

どうすればよいかわからず困る。

【類語】

当惑　狼狽　混迷　戸惑い

体（フィジカル）の反応

- おろおろと動き回る
- バタバタと慌てふためく
- 驚きのあまり目が点になる
- 追求されてたじたじとなる
- 切迫した状況に息が苦しい
- 不思議そうに首をかしげる
- 口もとに手を当てる
- 眉間のしわが深くなる
- 対処のしようがなく、頭を抱えてうずくまる
- 呼吸が少しばかり浅くなる
- 腰に手を当てて、しばらくの間フリーズする
- 落ち着こうと天を見上げる
- 表情が険しくなる
- ブツブツと独り言をつぶやく

心（メンタル）の反応

- どうすればよいか混乱する
- 整理がつかず、同じ考えばかりが頭のなかに浮かび続ける
- 訳がわからず不安になる
- 考えあぐねてマイナスの思考にとらわれる
- 焦燥感に追い立てられる
- 泣き出したいような気持ち
- 判断がつかずに困り果てて何も手につかない
- 落ち着きを失った状態
- 頭のなかがかき乱される
- 事実をすんなり受け入れられず、どうも腑に落ちない
- ことの複雑さに辟易する
- 厄介ごとを忘れてしまいたい

事態の進展をあえて止めて
物語に緩急をつける

前 頁で解説した〝呆れる〟という状況に少し似ている〝困惑〟。自身の脳内での処理能力を超える事象に対し、どうすべきか判断がつかずに迷う状態を表します。

　不安にもつながる困惑という感情は、心配性で神経質な性格の人だけでなく、日常的に誰もが抱く気持ちといえるでしょう。

　物語においては主要キャラのひとりを、内向的で何かと困惑しがちな理想主義者として設定すれば面白い効果をもたらします。事態の進展に向けた局面で、ストッパーとして周囲の性急な決断に一石を投じる客観的な役を担うからです。

　ともすれば優柔不断なキャラクターが陥りがちな困惑ですが、**役柄を計算して活用することで、展開に緩急をつける有効なツールとなります。**また、リアリティという観点でも、誰かが困惑してモノ申すシーンは読者に対する説得力と共感を生むため、要所要所で計画的に取り入れるとよいでしょう。

困惑で場を止めるキャラがいると緩急が生まれて面白くなる

不安 【ふあん】

［英：anxiety ］

【意味】

何かに心配を寄せたり、恐怖感を抱いたりする。

【類語】

心配　懸念　杞憂　憂慮　危惧　気がかり

体（フィジカル）の反応

- せわしなく動いて回る
- びくびく怯えて手が震える
- ストレスから爪を噛む
- 浮かない表情になる
- なかなか眠れない
- 目線をあちこちに泳がせる
- 自らの体をぎゅっと両腕で抱え込む
- 耳に残るほど、心臓の音がバクバクと強く響く
- 固唾を呑んで見守る
- 耐えきれず貧乏ゆすりをする
- 重苦しいため息をつく
- 考えに気をとられてふらふらと足がもたつく
- 胃のあたりが気持ち悪い

心（メンタル）の反応

- 暗い思考に押しつぶされる
- 考えすぎて病んでいく
- いつもの光景と変わらないはずなのに、どこか不穏に感じる
- 悪い考えから抜け出せずに終始モヤモヤする
- 気が抜けなくてしんどい
- ずっと寝ていたい
- どうしようにも悩みが晴れなくてもどかしい
- ハラハラして心がすり減る
- つい悲観的に考えてしまう
- できることならどうにか逃げ出してしまいたい
- 自分だけが周りから孤立しているような気がして切ない

CREATOR'S FILE

感動作品に仕上げるには 見えない恐怖に打ち勝つのも大切

書き手の多くの方々が、案外軽視しがちな感情が〝不安〟ではないでしょうか。おそらくはストーリーを先へと書き進めたいがため、展開を失速させる不安に目が向かないのかもしれません。

が、**キャラクターをいきいきと描くためには、不安という感情は避けて通れません。**

あらゆる行動や決断に至る過程で、人は必ず一片の不安が脳裏をよぎるからです。それでも目標を達成するため、成功を手に入れるため、不安な気持ちを押し切って賭けに出ます。

こうした心中での葛藤や逡巡を書き切ってこそ、ドラマが生まれ、読者を感動させる作品に仕上がることを理解しましょう。

読者は誰もが抱く不安という目に見えない恐怖に打ち勝つ主人公に、自身の姿を投影して物語という読書の旅に心を委ねます。

つまり不安とは書き手と読み手をつなぐ、身近で最重要なテーマのひとつなのです。ぜひ心に留めておいてください。

この心理プロセスを丹念に描かなければ
読者は共感しない

不安 ➡ 葛藤 ➡ 決断 ➡ 勝利

恥ずかしい　【はずかしい】

[英：embarrassed]

【意味】

引け目を感じたり、または褒められたりしてきまりが悪い。

【類語】

気恥ずかしい　面映ゆい　照れくさい　慚愧　不面目　羞恥

体（フィジカル）の反応

- みるみるうちに顔が紅潮する
- にわかに耳が熱を帯びる
- 体をぎゅっと縮込める
- 照れたようにはにかむ
- 顔を下にうつむかせてもじもじと体をくねらせる
- 相手を直視することができずにキョロキョロと目が泳ぐ
- かあっと体温が急上昇する
- 体が火照って汗が出る
- 首もとがさわさわする
- 布団に突っぷしてジタバタする
- 不思議なほど声が小さくなる
- とっさに顔を覆い隠す
- 頭を抱えて苦悶する
- 足早にその場を去っていく

心（メンタル）の反応

- あまりの失態に面目が立たない
- 視線を向けられ落ち着かない
- 後悔が生まれる
- つくづく自分が嫌になる
- きまりの悪さに、穴があったら入りたいと思う
- いたたまれない気持ちになる
- あまり注目されたくない
- 褒められてむずがゆい
- くすぐったさを覚える
- パニックに陥って、どうしていいかわからなくなる
- 今すぐここから逃げ出してしまいたい
- 面と向かって相手と話すのがためらわれる

恥は人間だけが感じる高度な感情

数 ある感情のなかでも〝恥ずかしい〟は特異な存在です。喜怒哀楽のように外へ向けて露わとなる心情でもなく、感じる基準も個々で大きく異なるからです。

それゆえか**物語を読んでいても、恥ずかしい気持ちや所作をきちんと描写したシーンをあまり目にしません。**

同義の語彙として「ふがいない」「心やましい」「きまりが悪い」と、ネガティブワードが散見されるため、否定的な感情だと捉えて敬遠する書き手が多いのでしょう。

しかし、それは間違いです。怒りや喜びは動物でも感じますが、恥とは人間だけが感じる極めて高度な感情なのです。自らの愚行を恥ずかしいと感じるのは理性と良心による警鐘。**2度と過ちを繰り返さないよう改善を促す感情だといわれます。**

つまり恥じる心理状態と前に向かう気持ちを克明に描けば、そのキャラクターの健全でリアルな人間性を表現できます。

恥ずかしさに向き合う気持ちが人を成長させる

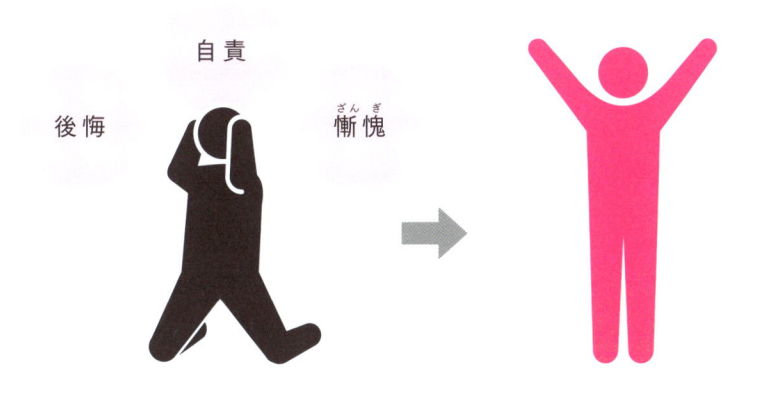

後悔　自責　慚愧（ざんぎ）

嫉妬 【しっと】

［英：jealousy］

【意味】

ほかの人が自分よりも優れていると感じ、妬む。

【類語】

羨望　妬み　恨み　やきもち　怨念

体（フィジカル）の反応

- 唇をきゅっと引き結ぶ
- どこか苦しげな厳しい表情
- 念のこもった暗い目つきで相手を睨みつける
- 息苦しくなってくる
- あまりに感情が高ぶって、涙がぶわっとあふれ出す
- 血が上って頭がぐらぐらする
- 厳しい口調で相手に当たる
- 唇をツンととがらせる
- 腕や脚を組んで、不機嫌な感情を態度で示す
- 何もしゃべらなくなる
- 相手に意地悪な言動をする
- 苦虫を噛みつぶしたような表情になる

心（メンタル）の反応

- 独占欲が湧き起こる
- 胸の内がザワザワと波立つ
- ほかの人のことがうらやましくて仕方ない
- 感じた怒りや悔しさがいつまで経っても忘れられない
- どろどろとした感情がうず巻く
- なんとも腹立たしい
- 劣等感に苛まれる
- 相手になんとしても勝ちたい
- ぐるぐると邪な考えがめぐって気分が塞ぎ込む
- 客観的に物事を考えることができなくなってしまう
- 恨みつらみをぶちまけたくなる
- 名前を聞くのも忌まわしい

CREATOR'S FILE

人間関係の歪みを描くには最適な定番素材

　他者との比較がこの世のあらゆる争いを呼び起こすといわれますが、だとすれば〝嫉妬〟こそ、その最たる負の感情かもしれません。

　自分より勝る人への妬み・嫉みである嫉妬は複雑怪奇です。

　純粋に羨む気持ちの裏返しならシンプルですが、嫉妬がエスカレートすれば嫌悪・憎悪・憤激と、ネガティブな情感が際限なく膨張していきます。

　さらには敵愾心や復讐心といった、本来なら筋違いの怒りが一緒くたとなり、最悪の場合は暴力という形で実力行使に訴えるのが常。

　古来の神話から嫉妬は戦争や諍（いさか）いの火種として扱われ、人間の醜さを象徴する感情でした。嫉妬を題材として人間関係の歪みを描くことは、あらゆるジャンルに通じる永遠のテーマでもあります。

　ただし、**ポピュラーな素材だけに、切り口の意外性や大どんでん返しが求められる点に留意しましょう。**

嫉妬で怒り狂うと収拾がつかなくなる場合も

疑心暗鬼 【ぎしんあんき】

[英：irrational suspicion]

【意味】

疑わしさを感じて、どんなことも怪しく恐ろしく思えてしまう。

【類語】

猜疑心　警戒心　疑念　不審

体（フィジカル）の反応

- 怯えて足がすくむ
- ゴクリと息を呑む
- おどおどした表情を浮かべる
- 耳を塞いでしゃがみ込む
- 心臓がバクバクする
- 警戒してしきりにキョロキョロとあたりを見回す
- 慎重に歩みを進める
- 体が硬直して動けない
- 頭がふらふらする
- わずかに両足が震え出す
- 気がかりなことがいっぱいで、眠りが浅くなる
- 思わず疑いのまなざしを向ける
- つい相手を試すようなことを口にしてしまう

心（メンタル）の反応

- 不安感に押しつぶされる
- 平常心を失った状態
- 悪い妄想にとらわれる
- 何をするにしても緊張感が漂う
- 臆して一歩が踏み込めない
- 心がざわざわして、なかなか気が休まらない
- 疑ってばかりで気疲れする
- いぶかしく思われる
- これからどうなってしまうのか先行きが心配でならない
- どこか心許ないような気分
- 怖気づいてビクビクする
- 誰も信用できなくなって、心細さを感じる
- 恐怖で身がすくむ思い

疑心は他人だけでなく自分自身にも向けられる

人心の不確かさは〝疑心暗鬼〟という四字熟語に表れています。読んで字のごとく、疑いの心から暗闇のなかに鬼を見るほどの、妄想による不安と恐怖にかられた心理状態をさします。

前頁の嫉妬と同様、**疑いの感情とは人のメンタルを異常な状況に追い込み、常軌を逸した行動へといざなうもの**。

ミステリー作品におけるクローズド・サークル（何らかの事情で外界との往来が断たれたシチュエーション）では、多くの場合、幽閉された数人のグループのなかに凶悪殺人犯が潜みます。そうして疑心暗鬼という皆の心理状態が引き起こすパニックやカオスを描き、スリリングな展開で読者を惹きつけるのがお約束のひとつです。

とはいえ疑心は他人にのみ向けられるものではありません。自分自身に対する疑いの感情を扱うと、深遠な主題を内包する作品となります。さらには**過去や未来といった抽象的題材を用いれば、幅広い世界観の創作分野に応用が利きます**。

疑心は平常心を失わせる悪徳として描かれる

威圧感 【いあつかん】

[英：over-power feeling]

【意味】
圧倒されるような、何か押しつけられるような感覚。

【類語】
脅威　横柄　威厳　重圧　迫力

体（フィジカル）の反応

- 上から目線でものをいう
- 腕を組んで偉ぶる
- 射るようなまなざしでにらむ
- 厳しく怒鳴りつける
- いかにも不満げで、面白くなさそうな表情を見せる
- 荒々しくものを扱う
- 眉間に深くしわが寄る
- ムスッとした表情になる
- 腰に手を当てて構える
- イスにふんぞり返る
- これ見よがしにため息をつく
- 大きな足音を立てて歩く
- 周りの意見が耳に入らない
- 冷ややかな目つきで相手の行動を監視する

心（メンタル）の反応

- プライドをどうにか保ちたい
- 自分が抱えるコンプレックスを悟られたくない
- 自分のほうが相手よりも上の立場だ、と優越感に浸る
- 思い通りに事を動かしたい
- イライラが抑えられない
- 自分本位で相手を顧みない
- 自信のなさから、かえって虚勢を張ってしまう
- 自分の非を認めたくない
- 何事も自分が一番でいたい
- 自分のいうことが絶対に正しいと思っている
- 自分ができる人間だと信じる
- 人から認められたい

「なぜ強がるのか」内面に目を向け キャラクターの別の顔を見出す

強者を描くなら〝威圧感〟ある重厚なキャラに——という発想は少し短絡的かもしれません。態度が横柄で、目つきが鋭く、断定的に命令を下し、上から目線で主導権を握ろうとするのが一般的な威圧感ある人物のイメージでしょう。しかし、こういった「いかにも」なステレオタイプは斬新さに欠けます。

キャラクターを造形する際、書き手として大切な姿勢のひとつに深読み思考があります。**なぜ威張るのか、どうして強がるのか、と熟考すれば、表層とは違う別の顔が見えてきませんか？**

威圧感ある人物の場合、承認欲求が強すぎて他者を素直に認められない、偏った性格である可能性が考えられます。**異様にプライドが高いということは防衛本能が強く、内面にコンプレックスを抱えているとも想定されます**。とすれば圧倒的強者ではなく、メンタルの弱者傾向を隠し持つ配役のほうが展開に妙味をもたらし、意外な場面で大いにキャラ立ちするかもしれません。

強者キャラがじつは超ビビりだとギャップ受けする

一般的な尺度を捨て リアルな感情の変化を描く

　物語でキャラクターを書き分けることは、個々の性格を書き分けることを意味します。感情表現の変化をリアルに描き、人となりをストーリー上で造形するわけです。ところが多くの書き手は、一般的な尺度に基づいて安易に感情を動かしがちです。

　たとえばファンタジー設定で、剣の才能に覚醒した13歳の若き王女がいるとします。はじめての出陣で激闘の末、両親を殺した憎き宿敵の将校を剣で倒し、自軍を勝利に導きました。

　ここで手放しに王女が勝利を喜んでしまうとどうでしょう？

　勝利への歓喜はあっても、本音では人を殺してしまった衝撃や恐怖や混乱で慄いているはずです。戦に勝ったから嬉しい、という単純な図式で感情を描いてしまえば、王女自身のキャラクター色が見えなくなり、結果としてリアリティが欠落します。

　同時に、読者が物語への没入感から覚めてしまう原因ともなります。この場合なら、勝利しようと王女は剣を手から落とし、大地に跪いて両手で顔を覆い、肩をぶるぶる震わせるべきでしょう。

　このような感情の複雑な変化を描くことで、王女の心優しさや道徳観が露わとなり、しかもリアリティが生まれます。

　周知の通り、人の性格とは千差万別。となれば感情の動きも人それぞれです。一般的な尺度ではなく、あくまでキャラクターを中心として、リアルな気持ちを追求、描写してみてください。

アクション

キャラクターの感情を映す

食べる

話す

殴る

飲む

脱ぐ

隠れる

走る

ぶつきまとう

起きる

逃げる

遊ぶ

PART.2

キャラの気持ちや
状況を考えて動作を決める

　普段当たり前のようにしている動作には、たくさんの表現が存在します。ひとつの同じ動作でも、どういう気持ちで、どういう状況で行うかによって、その表現はまったく違うものになるのです。**ささやかなニュアンスの違いをくみ取り、それを言葉にする力が書き手には求められます。**

　似た意味の表現であっても、より伝えたい描写に近しいほうを選びとれば、その分読者の理解度を高めることも可能です。せっかく時間をかけて創作したのに、同じ表現ばかりになってしまってはもったいないため、積極

アクション

的な言い換えやニュアンスの追加を心がけましょう。

　PART.2 では、PART.1 で取り上げた感情表現の次段階として、「歩く」「走る」「持つ」といった基本のアクションについて深掘りしていきます。**感情はアクションを起こす要因となる部分**であるため、これまでの内容が頭に入っていれば、次のアクションについても考えやすくなるはずです。

　自分が日常のなかでどう動いているか思い浮かべながら読み進めると、さらなる発見があるかもしれません。普段の動作を見つめ直し、創作に活かしてみましょう。

歩く 【あるく】

［英：walk］

【意味】

地などの面から、両足が同時に離れる瞬間がないような足の運び方で進む。

【類語】

歩みを進める　前進する　ウォーキングする

関連語と文章表現

- ゆっくりと慎重に歩を進める
- 足早に廊下を抜ける
- 日暮れ近くになり足を速める
- パタパタと忙しなく立ち回る
- 相手に気づいて歩を緩める
- 堂々とした足取りで歩む
- 力強く一歩を踏み出す
- 夕暮れ時にそぞろ歩きする
- 目的地に向かって突き進む
- 疲労感の滲む足取り
- 遠いところわざわざ足を運ぶ
- おぼつかない足取りの怪我人
- 鉛のように重い足取り
- カツカツと靴音を鳴らす
- 長い足を投げ出すように進む
- 重力が増したかのように足取りが重い
- 夜道を徘徊する老人に出くわす
- のしのしとした力強い足取り
- 意気揚々と前進する
- ふらふらと酩酊状態で歩行する
- 自信ありげに肩で風を切る姿
- 何かを振り切るようにがしがしと通りを進む
- 気まずそうに足早に立ち去る
- うきうきとしてスキップでもしそうな様子
- 吹っ切れたような軽快な足取りで街中を行く
- よちよち歩きの赤ん坊
- 緊張感のあるぎこちない足取り
- 気が進まず、どうしても歩みがのろくなる
- 口笛を吹きながらリズミカルに散歩する
- 通りを横切るうしろ姿を見送る

歩き方の描写だけでも キャラの心情や場面の情景が伝わる

移動の基本手段である〝歩く〟。**じつは意識していないだけで多様なパターンの歩き方をしているものです。**これらを意識して文章化する習慣をつければ、格段に語彙力アップにつながります。ここではいくつか代表的な事例を紹介しましょう。

まず [歩を進める]。「慎重に歩を進める」など、一歩一歩を確かめるように歩く際に使うと、心情や情景が目に浮かびます。[前進する] は、目的に向かって仲間と一緒に進むときに使えば、歩調の力強さを伝えられます。「突き進む」はさらに強い意志を表します。[踏み出す] はある種の決心を歩みで表現できます。「ついに新たな一歩を踏み出す」と描写すれば、何かのはじまりを予兆させます。そして [足を運ぶ] はわざわざ訪ねていくというニュアンスが強調される言い回しです。

いかがですか？　**文意によって使い分けるだけで格段にリーダビリティが上がるため、ぜひ日頃から意識してみてください。**

日常で個々の歩き方を観察していると語彙力はアップする

走る 【はしる】

［英：run ］

【意味】

両足を素早く動かして速く移動する。

【類語】

駆ける　走行する　ダッシュする

関連語と文章表現

- 力の限り駆け抜ける
- 全速力でダッシュする
- 命がけで疾走する
- 感情の高ぶるままに走り続ける
- テンポよく交互に足で地面を蹴り続ける
- 踵（きびす）を返して走り去る
- 汗を滴らせながら走行する
- 顔を真っ赤にしながら駆け走る
- いつの間にか駆け出している
- 競い合うようにして先を急ぐ
- 慌てて家を飛び出していく
- 頭を空っぽにして突っ走る
- 警察官が駆け付ける
- 駆け足の速い子ども
- 時間に追われて駆け足で進む
- 寒空の下で火照る体を冷ますように風を切って進む

- 馬に跨った騎士が疾駆（しっく）していく
- 飛んでいく矢のように疾走する黒い影を認める
- 弾丸のように走り抜ける
- 先頭集団を大きく引き離して独走状態となる
- 歯を食いしばって力走する
- 怪我人を助けるべく見知らぬ土地を奔走する
- トップを快走して優勝を果たす
- 邪念を振り払うように走り出す
- 通りすがる人らを跳ね退けながら遁走（とんそう）する
- 基地から脱走して仲間との合流地点を目指す
- 闇に紛れて敗走する敵
- 暴走した兵士らを追う
- ショックを受けて夢中で駆ける

執筆で使用頻度が高い [走る][駆ける][疾走する]

 歩くより速く移動する〝走る〟もまた豊富な語彙バリエーションがあります。紙面の都合もあるため、物語を執筆するうえで、もっとも頻繁に使う３つの表現の違いについて解説します。

[走る][駆ける][疾走する] です。

[走る] は広く一般的に使われる「歩く」の発展形として、移動の先に目的や必然性のないとき使用します。対して [駆ける] は速く移動する行為に目的や意志が伴っている際に用います。[疾走する] は、さらに速いスピードでの移動をさすものの、運動競技やレースの場面にだけ使うわけではありません。たとえばバトルシーンで大切な誰かを守るとき、**「王女を助けるため、とにかく全力で疾走した」と表現すれば、特別な気持ちや抜き差しならない臨場感を表すことができます。**ほかにも「ダッシュする」「先を急ぐ」「風を切る」など、語彙はじつに多彩です。

執筆では言葉のニュアンスを感じとることが何より大切です。

〝走る〟の語彙バリエーションはじつに**豊富**

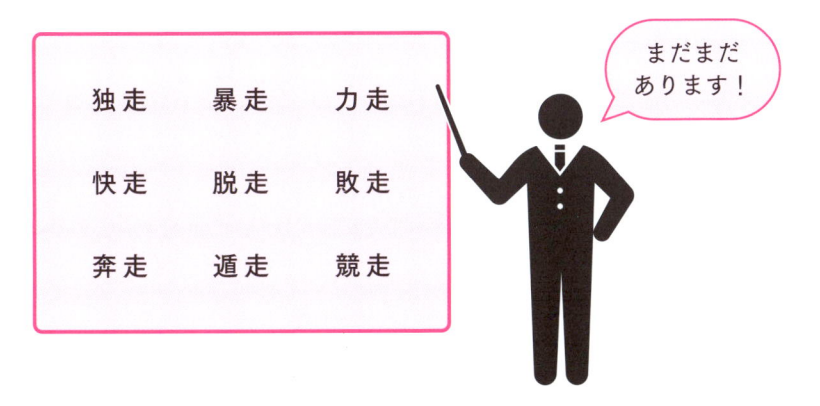

独走	暴走	力走
快走	脱走	敗走
奔走	遁走	競走

まだまだあります！

持つ 【もつ】

［英：hold］

【意味】

手にとったり、身につけたりする。所有したり、負担したりする。

【類語】

有する　所持する　携帯する

関連語と文章表現

- 鞄を手にして部屋をあとにする
- スマホを握りしめて助けを乞う
- 荷物を取って出発する
- 不法にナイフを所持していたために逮捕される
- 携帯していた免許証を警察官に提示する
- 腕をつかまれ制止される
- スーツケースを携えて空港内を行き来する乗客たち
- 七大タイトルを保持する王者
- 大きな段ボール箱を抱えてトラックへ向かう配送員
- 複数の箱を抱えて通りを急ぐ
- 本数冊を小脇に抱えて図書館へ向かう
- 落ちていた小枝を拾い上げてしげしげと眺める
- 最後に残ったごみ袋を回収して収集車を追いかける作業員
- 荷台から米袋を持ち上げてドサッと床に置く
- 子犬を抱き上げて目線を合わせ、顔をまじまじと見入る
- 真新しいスポーツバッグを引っ提げて集合場所へ向かう
- 持参した弁当箱を広げる
- 懐に忍ばせていた拳銃を素早く構える
- 靴下の端っこをつまむようにして洗濯機に放り込む
- 両手で澄んだ水を掬い上げる
- ふたり手を取り合って黙って歩く
- マッチ箱から一本つまみ出してシュッと擦る
- 看板を掲げて誘導する

"持つ"は万能だからこそ 書き手にとって天敵の語彙

書き手としての気配りで、私は重複表現を極力避けます。同じ語彙が重ならないよう意味を咀嚼して別の言い方を考えます。

と、ここで"持つ"という動詞です。**じつはこの語彙は書き手にとって便利すぎて天敵だと認識しています。**あれこれ論じるよりも、以下の例文をご覧いただければ一目瞭然でしょう。

> 「本件は私が責任を持ちます」そういって足元の鞄を持ち、会議室を出たところ電話が鳴った。スマホを持って応答する。「もしもし、ああ、彼は私の肩を持ってくれる。大丈夫だ。先方とはいずれ交渉を持つ」

わずか3行のなかに「持つ」が5つも入っています。じつは語彙を厳選すると、同じ文意で次のように書き換えられます。

> 「本件は私が責任を負います」そういって足元の鞄を手にし、会議室を出たところ電話が鳴った。スマホを握って応答する。「もしもし、ああ、彼は私に味方してくれる。大丈夫だ。先方とはいずれ交渉を設定する」

いかがですか？ **「持つ」は万能だからこそ厄介なのです。**

"持つ"が含む意味は多岐にわたるので注意しよう

| 取る | 握る | つかむ |

| 備える | | 携える |

| 付ける | **持つ** | 所有する |

| 担当する | | 負担する |

触る 【さわる】

［英：touch ］

【意味】

手などの身体の部分を何かに触れさせる。

【類語】

触れる　接触する　接する

関連語と文章表現

- 壊れものを扱うかのようにそっと触れる
- 急に頬を触られてびくっとする
- 触れさせた指先の感覚に全神経を集中する
- 限界まで手を伸ばして腕がぷるぷる震える
- 優しくタッチする
- 触れるか触れないかというぎりぎりの距離を保つ
- つないだ手から相手の体温が伝わってくる
- 乱暴な触り方に嫌悪する
- 意を決して手の平を重ねる
- おそるおそる触れてみる
- 人さし指でちょんとへこませる
- 隣に腰かけると否が応でも体が接する
- 無意識のうちに手をなでている
- 偶然を装って小指と小指をくっつける
- 去り際に頭に手をぽんと置く
- 脚が接触している気がするのは思い違いだろうか
- さりげない風を装って肩を抱く
- ひんやりとしたものが足に触る
- 額に掌を押し当てる
- 木の棒で虫を触ってみる
- 滑らかな触り心地を楽しむ
- 指先で人肌の温度を確かめる
- 大きく太い腕にもたれかかる
- 指先で意味もなく弄る
- 通りすがりに肩をぶつけられる
- 相手の髪の毛をわしゃわしゃとかき回す
- 触れた場所が熱を帯びる

つながりを表す一方、ネガティブな意味を持つことも

つ くづく日本語の難しさを痛感する語彙が〝触る〟です。（さわ・る）と読む場合、手や体の一部が何かに「意識的に接触する」ことをさしますが、これが「触れる」と書いて（ふ・れる）と読む場合は微妙に意味が異なります。意図せず「瞬間的に当たる」あるいは「ふと接する」ことを表します。たとえば「すれ違いざまに肩が触れた」というように。

また、触るにはほかの意味があります。[関わり合う] です。「その事件には触らないほうがいい」という使い方をします。

さらに、触るにはまったく別の意味も存在します。[邪魔になる][害する] です。**これは「障る」と書く場合もあり、「働きすぎは体に触る」「君の言い方はどうも気に触る」という表現で用います。**

本来は「接触」や「関わり合う」など、つながりを表す語彙であるものの、一方では「支障」や「障害」とネガティブな意味を持つこともあり、注意が必要です。

すべて〝触る〟という語彙に含まれる意味

接触する

関わり合う

害する

食べる 【たべる】

［英：eat］

【意味】

食べ物を口に入れ、嚙んで飲み込み、体内に取り込む。

【類語】

喰う　食す　摂食

関連語と文章表現

- マナーよく食事をする
- 美しい所作で箸を口に運ぶ
- がつがつと飯を喰らう
- 手近なもので腹を満たす
- 空腹感に耐えられず口にする
- ひと匙をじっくりと味わう
- あっという間に平らげる
- 気づかぬうちに箸を進めている
- 軽口をたたきながらテーブルの料理をつつく
- 差し入れのおにぎりをぱくつく
- どんぶり飯にがっつく姿におののいている
- バリバリとせんべいを頬張る
- 立ち仕事の合間に慌ただしく茶碗をかき込む
- 一流の味を賞味する
- せわしなく口に運ぶ
- 地元の郷土料理を食す
- 気持ちのよい食べっぷりに思わず見惚れる
- 新鮮な魚介類を堪能する
- 喫茶店で遅い昼食を兼ねて軽食をとる
- 味見のつもりがついつい箸が進んでしまう
- 持たせてくれた弁当をありがたくいただく
- ぜひ温かいうちに召しあがってください
- ひな鳥がエサをついばむ
- 作り置いた料理が目に見えて減っている
- 生前は好んで肉を食していた
- 口のなかに肉汁が広がる
- 滋味深い味わいに体が喜ぶ

場の雰囲気、食べ方、メニューを工夫して印象的なシーンをつくる

物語を執筆していれば、書き手の誰もが直面する食事シーン。そこで当たり前のように使われる〝食べる〟という動詞ですが、日本語にはじつに多彩な表現が存在します。場の雰囲気、食べ方、メニューといった付帯要素を熟考して語彙を厳選すれば、さらに印象的なシーンとして展開を支えます。

　もっとも**一般的に使われる「食べる」という表現には作法が介在し、マナーに則った食事場面にふさわしい語彙だと理解しましょう。**対して [食う] は腹を満たすことを大前提として栄養を摂取するための行為です。そして [喰らう] と書けば、さらにぞんざいで乱暴な営みに。口と食から成り立つ会意文字の [喰] を使うことで、切迫した空腹感を必死に満たすために「がつがつ飯を貪る」ニュアンスを視覚的にも伝えられます。

　著名な作家の方々は食事シーンで独自スタイルの得意表現を有し、登場人物やシチュエーションに合わせて使い分けているものです。

〝食べる〟を突き詰めると語彙の種類は限りない

味わう	平らげる
箸を進める	つつく
ぱくつく	がっつく
頬張る	賞味する
かき込む	口に運ぶ

飲む　【のむ】

［英：drink］

【意味】

飲食物を口に入れ、かまずに喉から体内に取り込む。

【類語】

喫する　服する

関連語と文章表現

- むしゃくしゃして一気にジョッキを空ける
- 気持ちを鎮めるためにとりあえずコーヒーを口にする
- ごぶごぶと喉を鳴らしながらコップの水を一気に飲み干す
- ペットボトルに直に口をつける
- ショットグラスのバーボンをひと口であおる
- チュウチュウと音を立てながらストローを吸う
- 冷たい水が食道をつたって下りていくのを感じる
- グラスをぐいっと干す
- きんきんに冷えたビールをきゅーっとやりたい
- 昼間から熱燗をちびちびやる
- 日本酒を一杯ひっかけて帰る
- 強い酒がかあっと喉を焼く感覚
- 優雅にワイングラスを傾ける
- ラッパ飲みはやめなさい
- ごくごくと美味そうに呑む
- フーフーと息を吹いて冷ましながら熱い汁をすする
- つかの間に茶を喫するとその場をあとにする
- 口に含んだワインの風味
- オンザロックのウイスキーを舌先でなめる
- 苦い煎じ薬を飲み下す
- 惰性で胃に流し込む
- 蛇口から水をがぶ飲みする
- 茶を一服しながらの談笑
- 喉を通り過ぎた後の余韻をしばし味わう
- 蛇が卵を丸呑みにする

CREATOR'S FILE

飲む行為に意味を持たせると展開の切り替えがスムーズに

食事と同様、"飲む"シーンも物語では必須です。とはいえ、食べるという動詞に比べ、言い回しや語彙選びはそれほど重要ではないと感じます。むしろ、**飲もうとする人物の状況設定の描写に重きを置くべきなのでしょう。**

現実世界において飲み物とは、必ずしも切望して口にする場合だけではありません。なんとなく家で水を飲んだり、カフェで紅茶をオーダーしたりします。物語世界では異なります。飲む行為を描く限りは、**ストーリーの一環として飲み物の特性に合わせて意味を持たせたほうがベター**です。たとえば、酒ならむしゃくしゃして何かを忘れたいとき、コーヒーなら気持ちを落ち着かせて考えを整理したいとき、水なら本当に水分が枯渇して瀬戸際を彷徨っているとき、というように。そして飲んだあと、その人物の心持ちなりコンディションに変化を与えれば、飲む行為に必然性が生まれ、展開の切り替えがスムーズになります。

それぞれに"飲む"意味を持たせると場面が生きる

| アルコール | コーヒー | 水 |

寝る 【ねる】

[英：sleep]

【意味】
就寝・休養のため体を横たえる。眠ってはいないが横になって休む。

【類語】
横になる　眠る　寝転ぶ　寝つく　ふせる　床につく

関連語と文章表現

- 地面に体を横たえる
- 寝転がってマンガを読む
- 明日に備えて早めに床につく
- 日中も眠たくて仕方がない
- 眠れぬまま一晩明かす
- 疲れきってベッドに入る
- 寝ているふりをして相手の隙をうかがう
- 試験勉強の合間に仮眠をとる
- 夢うつつにいる感覚
- 風邪をひいて数日間寝込む
- 突然、病床に臥せってしまう
- まぶたを閉じてじっと横になる
- 寝ぼけておかしなことを話す
- 薄目を開いたまま眠る
- 作業するつもりがいつの間にか寝落ちしてしまう
- テレビを見ながらうたた寝する

- カーペットに寝そべる猫
- うとうとして船をこぐ
- 寝起きの気だるい体
- 敵に寝込みを襲われる
- 横になりながら思案に暮れる
- 授業中に居眠りする
- ぶつぶつと寝言をいう
- 布団のなかでまどろむ
- 子どもの寝つきが悪い
- すやすやとぐっすり眠る
- 日々のストレスが原因でなかなか安眠できない
- 寝転んだものの、依然としてはっきりしている意識
- 決まった就寝時間
- 熟睡のあまり朝寝坊する
- 降りる駅を寝過ごしてしまう
- ふっと意識をなくす

「寝ても眠れない」状態もあるため 意味を混同しないよう注意

日　常会話ではほぼ100パーセント、同義として扱われている〝寝る″と「眠る」という2つの語彙。じつは書き手の方々でも文章中で混同されているケースが見受けられます。

　かくいう私も少し前まではうっかり書き間違えて、推敲段階ではっと気づくことがありました。

　じつのところ、**寝ると眠るは似ているようで異なります。**

　まず「眠る」ですが、両まぶたを閉じて無意識下にあり、体の動きが一時的に低下した状態をさします。一方の「寝る」は、身体が横になっている姿勢のこと。病気で床につく、寝込むことも、寝るに含まれますが、意識が覚醒していれば眠るという表現は使いません。よって厳密には「さっきから寝ているけれど全然眠れない」状態もあるわけです。逆に「満員電車のなかで立ったまま、寝ていないけど眠っていた」状態も考えられるでしょう。

　細かな配慮の積み重ねが作品の仕上がりに大きく影響します。

〝寝る″と「眠る」の定義は案外難しい

起きる 【おきる】

[英：get up]

【意味】

横になったものなどが立ち上がる。事件などが生じる。目が覚める。

【類語】

目覚める　寝ないでいる　湧き上がる　発生する　立ち上がる

関連語と文章表現

- がんばって早起きをする
- ベッドからすかさず飛び起きる
- 毎朝、犬の声で目が覚める
- 夜遅くまで起きている
- 一晩中寝ないで遊びふける
- 寝不足でやる気が起きない
- 部署内で研究班が立ち上がる
- ことが進むにつれ、だんだんと意欲が湧き上がってくる
- 事件は現場で起きている
- 刑事たちの活躍で暗殺事件の発生が未然に防がれる
- 会社で汚職疑惑が浮上し、警察の捜査がはじまる
- 気力でなんとか起き上がり、ファイティングポーズをとる
- 起床して布団から出る
- 転んでもすぐに立ち上がる

- 遅刻しそうな息子を叩き起こす
- 一気に眠気が吹き飛ぶ
- 疑惑が頭をもたげる
- あることがきっかけで覚醒する
- 始業ベルが鳴ると、全員起立して挨拶する
- 権利と同時に義務が生じる
- 家庭で浮気問題が持ち上がる
- 隠れた才能が目を覚ます
- 何度壁にぶつかっても、あきらめずに起き上がる
- 挫折から立ち上がる
- クラス内で争いが勃発する
- 遠くの惑星から正体不明の宇宙線が生じる
- 巨大な台風が発生する
- 歓声が沸き起こる
- 偶然に生じてしまった接触事故

言い換え表現を考えて 文章をより具体的に

書 き手にとって天敵の語彙〝持つ〟の多彩な意味について76ページで触れました。同じく〝起きる〟も便利で要注意な多義語といえます。以下の用例で言い換え表現をご覧ください。

● 私はいつも朝早く**起きる**→ 私はいつも朝早く**目覚める**
● 昨夜は明け方まで**起きていた**→ 昨夜は明け方まで**寝ないでいた**
● 次第にやる気が**起きる**→次第にやる気が**湧き上がる**
● 近所で大事故が**起きた**→ 近所で大事故が**発生した**
● 倒されてもすぐ**起きる**→ 倒されてもすぐ**立ち上がる**
● 学校で難題が**起きる**→ 学校で難題が**持ち上がる**

　意味は通じるものの、言い換え表現のほうがより具体的です。

　ただし、執筆中は頭に浮かぶストーリーや文章を書き綴ることに全神経を集中して問題ありません。**とりあえず第一稿のすべての表現を〝起きる〟と書いておき、推敲段階で別の語彙に修正するのも手**です。自身のやりやすい方法を見出しましょう。

ビジュアルをイメージすると 言い換え表現が浮かびやすい

目覚める

発生した

立ち上がる

着る 【きる】

[英：wear]

【意味】

衣類を身に着ける。気持ちなどを引き受ける。罪を背負う。

【類語】

身に着ける　身にまとう　装う　はおる　着飾る

関連語と文章表現

- 流行の服を着た若い男性
- すさまじいオーラを身にまとった映画スター
- 長く豪華なマントをはおった中世ヨーロッパの王
- 他人の好意を恩に着る
- 無実の罪を着せられる
- 派手な衣装を着こなす
- 伝統衣装に身を包む
- 光をまとった彗星
- 近寄りがたい雰囲気をまとっている、ただ者ではない女性
- 自ら仲間の罪を着る
- 着衣のまま海に入る
- 万が一に備えて武器を装備する
- パジャマからスーツに着替える
- 体が冷えないように重ね着する
- 厚手のセーターで着ぶくれする

- パーティーに見合った装い
- 一張羅に袖を通す
- アクセサリーで身を飾る
- 振袖の着つけをしてもらう
- 子どもに帽子をかぶせる
- 幸せそうなオーラをまとった新婚の夫婦
- 着せ替え人形で遊ぶ
- 試合が膠着（こうちゃく）状態に陥る
- 飛行機が滑走路に着陸する
- 遭難者の乗ったボートが無人島の海岸に漂着する
- 着脱可能な機械の一部
- ふとした出来事から着想を得る
- 彼は、解決法を導き出すための着眼点が独特だ
- 公的な資金を着服する
- 潜入のために変装する

衣類を身につける以外に なにかを背負うという意味もある

我が身で引き受けるという大意の〝着る〟。その代表的な表現は2通りあります。まずは周知の通り、衣類などを身に着けること。これについては特に説明する必要もないでしょう。もうひとつは、**自分で背負うというニュアンスで用います**。たとえば「恩に着る」は相手の気持ちをありがたく受けることを、「彼の罪を着る」とすれば自らの責任として被ることを意味します。いずれも大枠での意味合いは共通しています。

「着」を使った熟語についても明快なものが目立ちます。たとえば衣類関連では「着衣」「着用」「着脱」、くっつく状態を表すものでは「膠着」「接着」「着色」、場所を示すものでは「着陸」「到着」「漂着」、思慮に関わるものでは「着想」「着眼」「着目」などです。

ただし [着服] には、服を着る意味とは別に「他人の金品を自分のものにする」という物騒な意味もあります。これに関しては諸説紛々で由来は謎のまま、今も解明されていないそうです。

「決着がつく」とは、勝負が決まることを意味する

脱ぐ 【ぬぐ】

［英：take off ］

【意味】

身に着けたものを取り去る。裸になる。

【類語】

衣服を取る　剥ぐ　脱衣する　着替える　裸になる　一糸まとわない

関連語と文章表現

- 自分の服を取り去る
- 他人の服を剥ぎ取る
- 水着に着替えようと、脱衣所で着ている服を脱ぐ
- 友人と衣装を取り替える
- 風呂に入るために裸になる
- 一糸まとわぬ姿
- ストリップがはじまる
- 諸肌を脱いで課題に取り組む
- 体育の授業のため、教室内で体操服に着替える
- 大親友のために、苦労を承知のうえで一肌脱ぐ
- 身に着けているものを取る
- スカートの裾をめくる
- 挨拶しようと脱帽する
- 脱ぎ捨てた服の残骸
- 露出の激しい流行服

- サイズが大きすぎて、ズボンがずり下がる
- 脱皮した昆虫の抜け殻
- 肩を剥き出しにする
- Tシャツをたくし上げる
- 靴が脱げて転がる
- 重たいピアスを外す
- 顔を隠している仮面をずらし、正体を現す
- 裸足になって浜辺を歩く
- あられもない姿になる
- 羽織をずらして肌を見せる
- 半裸になって水浴びする
- 鍛えられた裸体を露わにする
- まくった袖からのぞく太い腕
- 待ち構えていた追い剥ぎに身ぐるみを奪われる
- 来客の上着を受け取る

服を脱ぐ描写は
書き手の筆力がモノをいう

着 替えや入浴のため、暑いから、泳ぎたくて———服を〝脱ぐ〟シチュエーションはさまざまです。個室などでひとり脱ぐのが普通の流れですが、物語ではその限りでありません。ふたりで旅をしていたり、逃亡中であったりと、波乱含みの特殊な状況で男女が服を脱ぐシーンはあるあるです。本来、異性間での脱衣行為は気を許した相手の前でなければ躊躇するもの。上着なら問題ありませんが、肌の露出が多くなれば気恥ずかしさが募ります。それゆえ**シーンの描写には、脱ぐ所作の言葉選びを含め、微妙な関係性や揺らぐ距離感を巧みに表現する筆力がモノをいいます。**

と、ここで余談ですが、脱ぐという語彙には、本音や本気を表す意味が含まれます。「一肌脱ぐ」は、相手を助けるために本気で力を貸すことを、「諸肌を脱ぐ」は全力を尽くして取り組むことをさします。だとすれば**服を脱ぐ行為には、建前や隠し事なく本気で向き合うという含みがあってもおかしくありません。**

着物の袖を脱いで動きやすくなることから生まれた言葉

一肌脱ぐ

諸肌を脱ぐ

話す 【はなす】

［英：talk］

【意味】

考えを声に出していう。考えを相手に伝える。相手と言葉を交わす。

【類語】

語り合う　言語で会話をする　論述する　言及する　レクチャーする

関連語と文章表現

- 友人と朝まで語り合う
- つたないイタリア語で現地人と会話する
- 長年の研究成果を論述する
- ある人物について言及する
- 使い方をレクチャーする
- 組み立て方を説明する
- 技術の秘密をこっそり教える
- 複雑な胸中を口にする
- 本当の気持ちを告白する
- 自分の考えを表明する
- 全校生徒を代表して、校則について先生に意見する
- ひとり異論を唱える
- 友人のために口利きする
- テーマについて話し合う
- 溜まりに溜まった鬱憤を言葉にして吐き出す
- 初対面の人に話しかける
- 事件解決の糸口となる、参考人の重要な証言
- 怒りのあまり、我を忘れて相手にまくし立てる
- 自身の正当性を主張する
- 部下に次の仕事を指示する
- はじめて言葉を交わした同級生
- クラスのために思って発言する
- 疑いをかけられるも、最後までしらを切る
- 失敗の言い訳をする
- 罵声を浴びせかける
- 口うるさいほどに注意する
- 新刊に寄せられたコメント
- 薬の効能を謳う
- 本音がポツリと口から漏れる
- 上司にお世辞をいう

状況に応じて適切に言い換えて読みやすい文章をつくる

主人公をはじめ、多くの人物が登場して物語は進行します。必然的に〝話す〟という動詞の使用頻度は高く、随所で使われるものの、乱用すれば単調で完成度の低い文章になります。最低限でも以下に挙げる語彙バリエーションを覚えておきたいものです。

- 彼女は重大な秘密を話した→ 彼女は重大な秘密を打ち明けた
- 怒りにまかせて不満を話した→ 怒りにまかせて不満を吐いた
- 男は一方的に話した→ 男は一方的にまくし立てた
- 脅されて何でも話した→ 脅されて何でもしゃべった
- 切々と彼は胸の内を話した→ 切々と彼は胸の内を述懐した
- はじめて謝罪の言葉を話した→ はじめて謝罪の言葉を口にした
- 一拍置いて彼は話し続けた→ 一拍置いて彼は声を継いだ

　ご覧の通り、「話す」の言い換え表現は多彩で、文意や状況に応じて適切に使い分ければリーダビリティが格段に向上します。**日ごろの読書を通じ、先輩作家の言い回しを研究してみましょう。**

相手や心情によって〝話す〟口調と物腰はガラリと変わる

聞く 【きく】

[英：listen]

【意味】
音を耳で感じる。注意して耳に入れる。言葉を理解する。

【類語】
耳を傾ける　耳を澄ます　聞き耳を立てる　命令に従う　引き受ける

関連語と文章表現

- 大事な話に耳を傾ける
- 小さな音を聞き逃さないように耳を澄ませる
- 隣の部屋の話し声にこっそりと聞き耳を立てる
- 上司の命令を聞く
- 恋人からのお願いを聞く
- 騒音に耳をふさぐ
- 容疑者に事情を問いただす
- わからない問題の解き方について先生に質問する
- 言葉を聞き間違える
- ヘッドホンで音楽を楽しむ
- 大先輩の意見をうかがう
- 有名人の噂を聞きつける
- よくない噂を小耳に挟む
- 小さな物音を感じ取る
- 人の意見を了承して受け入れる
- 親のいいつけを聞き入れる
- 耳が腐るほど繰り返される取引先からの催促の電話
- ストレスで幻聴が聞こえる
- 聞き飽きた隣人の声
- 聞き分けのいい、よくできた娘
- 有権者の声を聞こうとしない、選挙の立候補者
- 英語のリスニングに集中する
- 聞こえよがしに馬鹿にされる
- 聞き取り調査に励む
- 怪しい人物の部屋を盗聴する
- 物音ひとつない静けさに浸る
- 周りの忠告に耳を貸す
- 大事な説明をぼんやりと聞き流してしまう
- 右の耳から左の耳へと言葉が通り抜けていく

話を聞いた側の反応を描くと より状況が伝わりやすくなる

前 頁の〝話す〟と同様、使用頻度が高い〝聞く〟ですが、そのまま文中に用いるより、**話を聞いた反応を描くほうが文意は成立します。**ここでは高校生男女の会話シーンを例に解説しましょう。

状況は下校途中。家庭や部活やクラスの問題で多くの悩みを抱え、将来が見えない高３女子の文香。幼少期から親友の男子、陽斗は彼女が心配で、つい語気荒く言葉を向けてしまいます。

「そんな曖昧な考えでいいの？　僕は納得できないな」

① 文香は唇を結んだまま、何も返せなかった。

② 力なく首を振り、文香は足元に目を落とす。

③ 言われて文香は反射的に顔を上げるも、反論の声は出ない。

④ 直後、文香は涙を浮かべ、踵を返してその場を立ち去る。

陽斗の辛辣な物言いに、文香は無言で反応します。直接的に「聞く」と書かなくても、耳を傾けていた状況を読者は把握できます。

感情を伝える所作は、聞くと同等の表現力を持つ一例です。

〝聞く〟行為よりも、聞いたあとの反応の描写が重要

見る　【みる】

［英：see］

【意味】

視覚で捉えて理解する。確認する。

【類語】

眺める　見つめる　にらむ　仰ぐ　見守る　横目を動かす　目を遣る

関連語と文章表現

- 観光地で景色を眺める
- 隣に誰が座っているか、横目を動かして確かめる
- 相手と正面から見つめ合う
- 犯人をじっとにらみつける
- 満天の星を仰ぐ
- 遠くから我が子を見守る
- 広い大海原を見渡す
- 無意識のうちに目を遣る
- 問題が拡大しないか注視する
- 送られてきた手紙が本物かどうか見定める
- 遠くのものに焦点を合わせる
- 世間を甘く見すぎた若者
- 飛んでいる虫をぼーっと目で追いかける
- 提出された書類に目を通す
- 穴が開くほど見つめる
- 将来のために施設を見学する
- 隣の人の様子を盗み見る
- 美しい絵画に思わず見入る
- 周囲を警戒してキョロキョロしながら進む
- 商品の違いを見比べる
- 話題の映画を鑑賞する
- 独創的なオブジェを二度見する
- 小さな隙間からのぞき込む
- 怪しい動きをしている職員がいないか目を光らせる
- 囚人を厳しく監視する
- すれ違った人の装いに目がくぎづけになる
- 恋人と視線を交わす
- 熱い視線を這わせる
- ひざまずく者を見下す
- 瞬時に視線を飛ばす

CREATOR'S FILE

気持ちの在り方や心情の変化を表す 人物描写に最重要な語彙

人 が視覚に事象の存在を捉える〝見る〟。**物語において登場人物が何かを見る動作とは、気持ちの在り方や心情の変化を表す最重要な語彙のひとつです。**以下、書き手なら覚えておくべき表現バリエーション例を挙げました。

● 眺める	視界全体を見渡す
● 見つめる	意識を集中して視点を止める
● 睨みつける	目線で相手を威嚇する
● 目を遣る	何気なく視線を動かす
● 注視する	じっと観察する
● 仰ぐ	上のほうを見る
● 横目を動かす	隣をチラ見する

　物語を執筆するうえで、単に「見る」と書くのではなく、上記のような別表現で書き分けていくと、**場面ごとの人物描写と臨場感がぐっと際立ってくるものです。**ぜひ意識してみましょう。

スマホを〝見る〟にも多彩な書き方がある

目を這わす

視線を置く

目で追う

ガン見する

まなざしを定める

学ぶ 【まなぶ】

［英：study］

【意味】

経験を通して知識を会得する。教えを受け技術を習得する。

【類語】

勉強する　研究する　習得する　経験する　指導を受ける

関連語と文章表現

- 大学で経営学を専攻する
- 事件から人生の何たるかを学ぶ
- 必修の講義を受ける
- 物事のしくみを理解する
- 学者から知識を会得する
- 達人から直接指導を受けて武芸を習得する
- 本を読んで一生懸命勉強する
- 技を自分のものにする
- 知らず知らずのうちにスキルを身につける
- 秘伝の術を完璧に体得する
- 新しい知識を飲み込む
- 教養を身につける
- 専門学校で特殊な訓練を受ける
- 真理を追い求める
- お手本のまねをして、その動きを自身に染み込ませる

- つねに向上心を忘れず、見聞を広げていく
- 義務教育を受ける
- 能力を獲得して先に進む
- 次の段階にレベルアップする
- 厳しい修行に励む
- 極限に達して悟りを開く
- 学問に精を出す
- 身を粉にして新しい領域の研究にいそしむ
- 眠っていたスキルを磨く
- 修練で道徳心が備わる
- 剣さばきが上達する
- 師匠の技をどんどん吸収する
- 忘れないよう教えを反復する
- 予習、復習を習慣づける
- 指導者からのフィードバックを受け取る

物語のもうひとつのゴールは
学びを通じて心の成熟を果たすこと

物語のセオリーとして主人公はストーリーを追うごとに苦難を乗り越えて成長を遂げ、目標に突き進まなければなりません。

と、ここまで書けばもうおわかりですね。

そうです、**主人公にとって大切な姿勢とは〝学ぶ〟こと。**

ファンタジーであれば、賢者の知識を会得したり、武芸を習得したり、眠っていた潜在スキルを磨いたりして、学びから多角的な強さを身につけ、さまざまな敵や障壁をクリアする必要があります。

また、「学ぶ」という語彙には、経験値を高めて行動学的な変容を遂げる意味も含まれます。これを成すにはフィジカル面に加えて、メンタル面での進化が必須条件。**すなわち学びを通じて心の成熟を果たすことが、物語のもうひとつのゴールとなります。**

感動する名作とは、クライマックスでの大どんでん返しによる胸スカとは別に、主人公の心の成長がきちんと描かれているもの。この視点があるかないかで、読後感が大きく変わります。

人の成長に大切な〝学ぶ〟ことはたくさんある

知識	価値観
鑑識眼	人生観
スキル	道徳心

遊ぶ 【あそぶ】

［英：play］

【意味】

ゲームやスポーツなどをして楽しく過ごす。何もせずに時を過ごす。

【類語】

レクリエーションをする　遊戯にふける　心から楽しむ　戯れる

関連語と文章表現

- ひとり遊びに没頭する
- 仕事そっちのけで友人たちとじゃれ合う
- 地域で行われるレクリエーションに参加する
- 戯れ合いを楽しむ
- 放蕩息子に嫌気がさす
- 故意にボールとなる遊び球
- 遠く離れた名勝地で遊ぶ
- ヨーロッパに５年の遊学をする
- まったく働きもせず、遊興にふけってばかりいる
- ギャンブルに興じる
- 課題もこなさずに遊び呆ける
- 快楽に溺れる
- 道楽の限りを尽くす
- 遊ぶ金に困って友人を訪ねた
- 拾った猫と戯れる
- もらった金で快楽を満たした
- ゲームセンターでひとりプレイに熱中する
- 本業に身を入れずに油を売ってばかりいる
- 酒、女、ギャンブルなどを楽しんだつけが回る
- あの作家が放蕩していた時代
- 意志が弱く、快楽に溺れる毎日であった
- せしめた金で豪遊する
- 遊びではなく本気の恋
- 一晩中、遊戯にふける
- 戯れごとにつき合う気はない
- 京都に清遊する
- 気晴らしに温泉へ行く
- 娯楽の少ない田舎町
- 心行くまで休暇を満喫する

遊びのシーンを取り入れて 展開に弾みをつける

一般的に〝遊ぶ〟とは「ぶらぶら何もせず過ごす」意として解釈されますが、趣味やスポーツに打ち込むことも遊ぶに含まれます。また［——に遊ぶ］の形で、たとえば「数年間ロンドンに遊ぶ」と書けば留学・遊学を意味します。そもそも古語の遊ぶは、音楽、踊り、詩歌を嗜むことをさし、**日本が質の高い芸術や文化を醸成できた背景には、目的なく偶然の産物を積み上げていった遊びの精神があったからこそと評されています。**

物語においても、多様な遊びを取り込むことはストーリーに有効に作用します。主要人物との出会い、事件解決のヒント、能力開眼の発端など、本題から距離を置いた一見無関係に思える遊びのシーンで意外な仕掛けを用意すると、展開に弾みがつき読者を魅了するもの。車のブレーキでは抑止効果が働くまでの空白部分を遊びといいます。この遊びの間がなければブレーキは機能しません。**必要ないようで、じつは大切なのが遊びです。**

もちろん怠惰な〝遊ぶ〟も数知れず存在する

盗む 【ぬすむ】

[英：steal]

【意味】

他人の所有物を勝手に自分のものにする。他人の考えや技芸を真似る。

【類語】

失敬する　かっぱらう　ぱくる　掠めとる　泥棒する　窃取する

関連語と文章表現

- 宝石が盗まれる
- 野球でセカンドへの盗塁を成功させる
- 現金をネコババする
- 財布をすりとられた
- 金品を横取りする
- 暇を盗んで勉強する
- 人のアイデアをパクる
- 何年もかかって師匠の芸を盗み、自分のものにした
- 免許を不法取得した
- 少しばかりの小銭を失敬させていただく
- 先制点を奪取する
- 友達のタバコをガメる
- 子どもの小遣いを掠めとる
- 労働者の賃金から無断でピンハネする経営者
- スーパーで万引きする
- 金品を窃取して捕まる
- テーブルの上に置いてあった物をくすねる
- 食べていた弁当を猫に掻っさらわれる
- パソコンのデータを盗み取るのは重大な犯罪だ
- ぼったくりバーの被害者
- お釣りをちょろまかす
- 落ちていた10円玉をくすねる
- 他人の代金を横領する
- 盗みを働いて捕まった
- 店のお金を着服する
- 置いてあった他人のカバンを持ち逃げする
- 山道で盗賊に追い剥ぎにあう
- 手癖が悪い大人

CREATOR'S FILE

今やパソコンとスマホを駆使した 電脳バトルが主戦場

ミッションとして何かを〝盗む〟物語はもはや飽和状態である一方、昨今は事情がガラリと様変わりしました。

かつてなら貴重な美術品や高額な宝石が盗みのターゲットでしたが、それらに出尽くし感があるなか、新たに着目される標的はＩＴ系です。たとえば、**暗号資産、電子マネー、個人情報、システムのソースコードなどなど**。それゆえ盗む行為にアクロバティックなアクション要素は必要なくなりました。パソコンとスマホを駆使した電脳バトルが主戦場だからです。高度なＩＴ専門知識が求められつつ、見せ場の描写が困難なこれらの系統は作家泣かせの新分野といえます。しかも**書籍化・映画化されても売れないのは、ハッカー主体の物語もまた出尽くし感と既視感があるからでしょう**。

他人の技や芸を無断で真似ることも「盗む」といいますが、どの世界でもノウハウがさくさくと盗まれて市場が飽和状態を迎え、新たな分野が目ざとく開拓されるものです。

〝盗む〟概念がこの 20 年余りで大きく変わった現実

待てー！

逃げる 【にげる】

［英：run away］

【意味】

捕まらないように去る。危険な状態から抜け出す。

【類語】

逃亡する　逃げ出す　逃避する　退散　逃走　遁走　雲隠れ　回避する

関連語と文章表現

- 逃げる犯人を猛ダッシュで追いかける
- 鳥かごからインコが逃亡する
- まるで愛の逃避行のようだ
- そのチームは3点リードしたまま勝ち逃げする
- 競走馬は先行を保ち、追いこされないように逃げ切った
- 冬の時期は扉や窓ガラスから熱が逃げる
- あまりの恐怖に逃げ腰になってしまった
- 厳重な監獄から脱走に成功する
- 借金取りに追われ逐電する
- くじ引きで損な役回りになるのを免れる
- はじめたばかりの仕事をとんずらする

- 忍者が壁をつたって遁逃する
- 逃亡者が川に飛び込んで姿をくらます
- 生まれ育った街を捨てる
- 金を借りたまま雲隠れする
- 盗みを働いて、現場からずらかった窃盗集団
- 泥棒が行方をくらます
- 追手が諦めるまで身を隠す
- 戦に負けて落ち延びる
- 尻に帆をかけるように敗走する
- あまりの攻撃力に、尻尾を巻いて逃げ出す
- ドロンさせていただく
- 退却命令がくだる
- 敵に背中を見せる
- 強敵を目の前に、クモの子を散らすように退散する

CREATOR'S FILE

脱走・逃亡系の作品が人気なのは感情移入しやすいから？

時 代の流れというべきか——昭和で〝逃げる〟とは、敗北と敗走を表す禁じ手でした。そもそもの意味が「嫌なことや面倒な状況から回避して遠ざかる」ですから、しょうがありません。

　しかし、令和の今は違います。**逃避は自身を守る防衛本能のひとつとして認知されています**。置かれている場所にしがみつくな、という趣意で、「逃げるは○○だが〜」と銘打ったドラマと漫画が大流行したのも記憶に新しいはず。つまり、民意は逃げることに大手を振って味方する、よき時代へと移り変わりました。

　そうした観点からも、逃げる主人公をアレンジしたストーリーは今なお大いなる可能性を秘めます。脱走・逃亡系の作品が根強い人気を博すのもその証拠。**人気の理由は、牢獄からの解放に読者が自らの窮状を重ね合わせて感情移入するためといわれますが、その通りかもしれません**。圧迫された状況からの脱出は、鳥籠から羽ばたく自由な小鳥のように思える昨今なのでしょう。

多様化する現代では〝逃げる〟ことの新解釈が根づいた

隠れる 【かくれる】

[英：hide]

【意味】

物の陰で見えなくなる。見られないようにする。（身分の高い人が）死ぬ。

【類語】

潜む　忍ぶ　潜伏する　姿を暗ます　地下に潜る　雲隠れする

関連語と文章表現

- 追手から逃げるため、隠れる場所を探す
- ほとぼりが冷めるまでの間、影を潜める
- 王様が世を忍ぶ仮の姿で、隠遁生活を送る
- 隠れた人材を探す
- 世を逃れて闇に潜む
- 月が山に隠れた
- 親に隠れてギャンブルをする
- 隠れた才能を発揮する
- 俗世間を逃れ山寺に隠れる
- やんごとなき人がお隠れになる
- 金を貸した友人が突然失踪してしまった
- 知人が10年前に蒸発した
- 追っていた凶悪犯人の足取りが途絶えた
- 目立たぬように脇に回る
- テレビの人気者が、いつの間にか姿を消した
- 卒業して以来、クラスメイトの行方がわからなくなった
- まるで神隠しのようだ
- レジスタンスが地下に潜って粛々と活動していた
- 消息不明になった友人
- 捜索されてしまうので闇に潜る
- 政治犯が逮捕を恐れて隠伏する
- 歴史の陰に隠れた謎がある
- 本棚のうしろに身を引いた
- 敵地に潜伏する
- 罪を覆い隠す
- 大切な人を匿う
- ポケットのなかにそっと手紙を忍ばせる

隠れるしかない絶望的苦境で スリリングな展開をつくる

人目を避けて存在を見えなくする〝隠れる〟には、危うい事情が介在します。たとえば、追手から逃れるためとか、正体がばれないようにするためなど。世を逃れて闇に潜むわけですから、うしろめたいワケありな理由があって然るべきですが、**すべて悪人や犯罪者では捻りがなく、面白味に欠けます。**

ファンタジーで多用される設定では、王女や王子が世を忍ぶ仮の姿で隠遁生活を送り、起死回生のチャンスを窺うパターンが常套です。サスペンスアクションでは、冤罪の疑いをかけられた人物が真犯人を見つけ出すために奮闘する逆転劇が定番でしょう。

主人公が隠れるしかない絶望的苦境を序盤で抜かりなく設定すれば、手に汗握るスリリングな展開が約束され、物語的においしい流れが担保されます。その際、大切なポイントは隠れる者を擁護する心強い理解者の登場。**追手だった憎き相手が立場を超えて協力する側となれば、鉄板の展開として盛り上がります。**

ミステリー系の殺人事件では必ず隠された謎がある

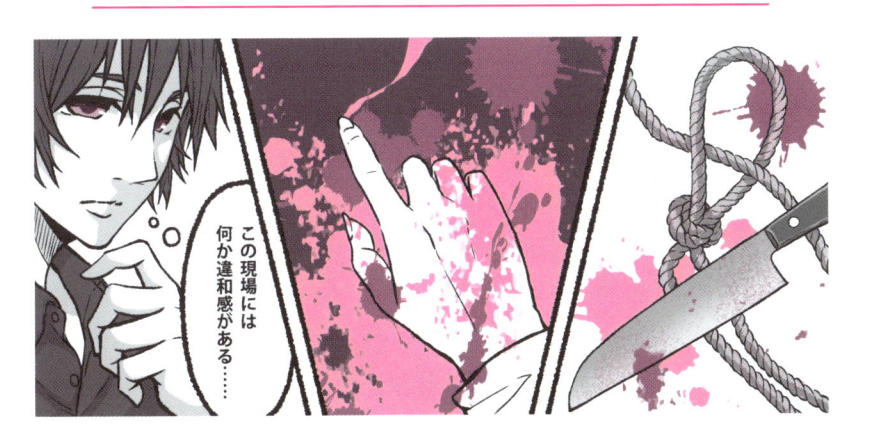

この現場には何か違和感がある……

殴る　【なぐる】

［英：hit］

【意味】

こぶしや道具で人、物を強く打つ。相手を乱暴に叩く。

【類語】

ぶん殴る　一撃　強打　突く　殴りつける　喰らわせる　撲りつける

関連語と文章表現

- 犯人グループから殴る蹴るの暴行を受ける
- 先制パンチを食らう
- 背後からこん棒で強く叩かれる
- 必殺必中の一撃をお見舞いする
- 書き殴ったようなメモを拾う
- ムチで打たれる
- 調子に乗って先生にしばかれる
- 集団でひとりの男をボコる
- 長時間にわたって痛めつける
- ケンカ相手をぶっ飛ばす
- ２度と起き上がって来ないよう徹底的に叩きのめす
- 大男に鉄拳制裁を喰らわせる
- 鋭いボディが相手の腹をえぐる
- 床に倒れるほどの激しいブロー
- ストレートパンチがクリーンヒットする
- 生意気な同級生を殴打する
- 序盤でジャブを放つ
- いきなり頭をどつかれる
- ポカポカと殴り叩く
- 正拳突きを入れる
- アゴに直撃してマットに沈む
- 頭を使わずに腕力に訴える
- 正義の鉄槌を下す
- 自分に従わせるためにガツンといっておく
- 思いっきり振りかぶる
- 渾身のひと振りが決まる
- 大男が一般人を張り倒す
- 挑戦者を打ちのめす
- 横なぐりに吹きつける暴風雨
- 鉄壁の防御で打撃をかわす
- 頭が真っ白になる強烈な先制攻撃を浴びせられる

体の部位を具体的に描くと
躍動感ある動きを表現できる

バトルアクションやノアールでは暴力シーンが欠かせません。とりわけ〝殴る〟動作は頻繁に登場します。

とはいえ**躍動感ある描写は案外難しく、つい同じ語彙が重複しがち**。以下、Before と After で例文を書きました。言葉選びを変えることで、臨場感の違いを感じ取ってみてください。

> 突然、大男が殴りかかってきた。私はのけぞって避けると、カウンター気味に顔面を殴り返す。さらに1発、腹を殴った。それで大男は戦意喪失し、まったく殴ってこなくなった。

> 突然、大男が豪快なパンチを繰り出した。私はのけぞって避けると、カウンター気味に顔面へ右拳をめり込ます。さらに1発、左拳で腹をみしっと抉った。それで大男は戦意喪失し、完全に攻撃の手を止めた。

語彙を厳選し、右拳や左拳など部位を具体的に描けば、「殴る」と書かなくても、ありありとした動作を文章化できる一例です。

攻撃ワードを使わずに描写すれば語彙力がアップする

殴る	蹴る	投げる
↓	↓	↓
頭が揺れる	バネのような一振り	耳をつんざく地響き

切る 【きる】

［英：cut］

【意味】

刃物などで一続きのものを分ける。人や物を傷つける。話や文章を区切る。

【類語】

切断　みじんにする　切り刻む　切り落とす　削減　ストップさせる

関連語と文章表現

- 刃物で傷つけて殺す
- スイッチを押して電流を切る
- トランプを切って配る
- 最後の切り札を使って勝負をつける
- 身銭を切って損害を補償する
- みんなの期待を裏切る
- 「絶対に勝つ」と言い切る
- 1年のはじまりから、好スタートを切る
- 自分の力を精一杯出し切る
- 話の途中で電話を切る
- 友人との縁を切る
- 無断欠勤が続いたアルバイトの首を切る
- 寒さをしのぐためにすべての窓を閉め切る
- 歯磨き粉を使い切る
- 転職して再スタートを切る
- 電気のスイッチを切る
- 「やったのは自分ではない」としらを切る
- 悪い友人とのつき合いを断ち切ってまっとうに生きる
- 布を裁つハサミ
- 無駄なコストを削減する
- 鋭く切れ味のいいナイフ
- 悪くなった患部を切除する
- いらない枝を剪定する
- きれいな切断面に見とれる
- 問題のある俳優の出演シーンをカットする
- 切っても切れない腐れ縁
- チョキチョキとハサミで切る音が響く
- 大男を相手に啖呵を切る

CREATOR'S FILE

口語と文語では
ニュアンスが微妙に違う

鋭 利な刃物などで"切る"行為は、主に2つの意味で用いられます。ひとつは個体を両断して分離すること。もうひとつは体を傷つける（あるいは殺す）ことです。

　物理的な破壊行為の印象が強い「切る」ですが、じつは何気に日常で多用されていることにお気づきでしょうか。

　たとえば、「電話を切る」「話を切る」「縁を切る」「首を切る」「スイッチを切る」などです。これらの言い回しをそのまま文中で使用することは何ら問題ありません。しかし口語と文語では微妙にニュアンスが異なる点に留意しましょう。文章としての視覚的な理解度に敏感になるのも書き手にとって大切な配慮だからです。私の場合、**[電話を切る]→[電話を置く]、[話を切る]→[話をやめる]、[縁を切る]→[絶縁する]と、できるだけ重複しない表現を探すよう心がけています。**もちろん、書き手の意識によって異なるため、どちらが正解というわけではありませんが。

"切る"は対象によって漢字が変わってくる

人を [斬る]

木を [伐る]

布を [截る]

つきまとう 【つきまとう】

[英：follow me around]

【意味】

いつも離れずそばにいる。ある事情がついてまわる。頭から離れない。

【類語】

ストーカーする　巣くう　取り憑く　憑く　こっそりついて行く

関連語と文章表現

- 不気味な女につきまとわれる
- つらい過去が頭から離れずについて回っている
- ヌルヌルとまとわりつく
- 変な男にストーカーされる
- いつも不安がつきまとっている
- 昔の失敗が記憶につきまとう
- 失敗するんじゃないかという考えが心に巣くう
- 背後霊のように憑依する
- いつもそばにつき従う配下の者
- バカバカしい思いがいつも頭から離れない
- 金魚のフンのようにつきまとってくる子ども
- 幽霊に取り憑かれる
- 心配のあまりついて回る父親
- 呪いで狐が憑く
- 突然、家に押しかける
- 友達になりたいという下級生が追いかけてくる
- 帰り道に待ち伏せする
- ありもしないネットの噂が未だについて回る
- いつもの時間にかかってくる謎の無言電話
- スカートの生地がまとわりついて困る
- アイドルの熱心な追っかけ
- 大好きな飼い主にべったりとなつく飼い犬
- 100件を超える同一人物からのSNSメッセージ
- 若い娘をつけ狙う
- 近所にばら撒かれる自分に対する中傷ビラ

ホラー系作品の大原則は「どこまでつきまとってくるか」

　自分の意思とは無関係にまとわりついて離れない〝つきまとう〟存在といえば、多くの方の頭に浮かぶのはストーカーのはず。

　今や社会悪の代表格のひとつに挙げられますが、数多の小説やラノベで取り上げられる格好の題材でもあります。

　そして創作上の話としてつきまとう対象を扱う際は、まず徹底的に想像力を駆使し、読者の恐怖心を煽るべきです。

　その主たるテーマは「どこまでつきまとわれたら恐ろしいか」を突き詰めること。通学・通勤途中はもちろん、自宅、学校、職場、行きつけのコンビニやジム、休日の外出、さらには病院や実家や旅行先と、際限なくつきまとう何者かをイメージしてみましょう。

　ストーカーのみならず、霊や怪異を題材としたホラー系創作の大原則は、どこまでもつきまとう存在の神出鬼没ぶりを描き切ることに尽きます。簡単なようでこれが難しい。じつは高度な筆力とセンスが問われる、最難関分野のひとつなのです。

恐怖を扱う作品を描くには多角的な要素が必要不可欠

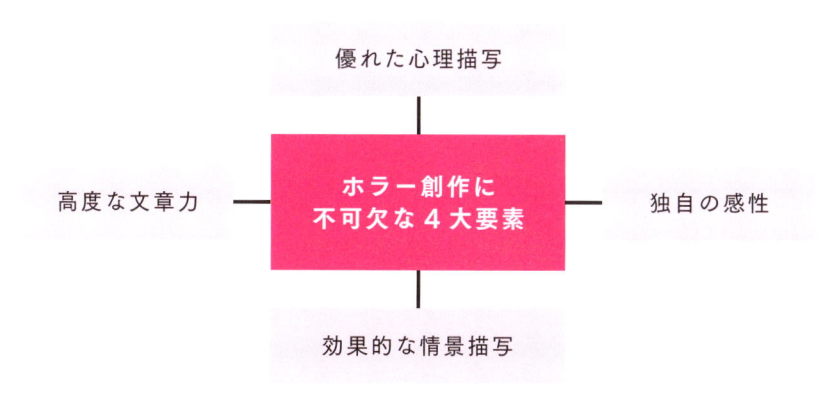

優れた心理描写

高度な文章力 ── ホラー創作に不可欠な4大要素 ── 独自の感性

効果的な情景描写

筆力を磨くには
映画のシーンを文章化する

　あらゆるジャンルのストーリーで登場人物たちは息づいています。彼ら彼女たちのいきいきとした動作を描かなければ、物語の展開が前に進みません。創作上の比重としては、会話文と同等に重要なパートとなります。それでいて、動作を描写することはひどく難しい――経験上、断言します。文章のみで人を歩かせ、走らせ、服を着たり脱いだり、日常の一挙手一投足をごく自然に描くにはかなり高度な筆力が求められます。

　私の場合、とにかく読書量を増やし、大好きな作家さんの物語を参考にして、人が動く場面の書き方を模倣したり参考にしたりしました。しかし、それでは上達に限界を感じました。

　結果として行き着いたのが、映画を観ながら特定のシーンを文章化して再生する方法です。

　これがとても効果的なトレーニングになりました。

　映画のなかで動くのは登場人物だけではありません。通行人の往来、車道を走る車、空を羽ばたく鳩、ゆったりと流れる雲、いきなり豪雨が降ってくることだってあります。

　しかも地の文での動作描写に加えて、登場人物の会話や表情や手の微細な動きまで書かなければなりません。

　パソコンで動画ストリーミングサイトを起動し、映画を観ながらトライしてみてください。上達すること請け合いです。

仕草

キャラクターの細かい変化を表す

PART.3

繊細な動きを描写して心の機微を伝える

　普段何気なくやっている仕草には、その人らしさが滲み出るものです。どこか上品であったり、はたまた柄が悪そうであったり、ちょっとした目つきや姿勢の差でいかようにも人物を表現することができます。

　加えて**仕草には、感情や心の機微がつぶさに表れます**。おびえている様子や好奇心にあふれている様子など、シーンごとの心理状態を描き分けるのに非常に役立つといえるでしょう。

　この仕草をしっかり描写することは、読者の物語への理解度を深めるためにも効果的です。人物の細かい動き

仕草

がビジュアルとして頭のなかで再生され、ただの創作上のキャラを超えたリアルな人物としての質感がふつふつと生じてきます。

　PART.3 では、体の部位ごとに、それにまつわる仕草を取り上げています。PART.2 のアクションに類する内容でありながら、**繊細な動きが多いため、登場人物たちの心の機微を描くのに有効です。**

　セリフだけでは表しきれない細かい動きや感情の起伏を、ぜひ仕草の描写で表現し、補ってみてください。効果的な間や臨場感が生まれてくるはずです。

NO.01

目 【め】

[英：eye]

【意味】
光を捉え、ものを見るための器官。

【類語】
眼　瞳　眼球　まぶた　目つき　目線

関連語と文章表現

- 視線を脇に逸らす
- パチパチとまばたきする
- 涙でまつげが震える
- じっと目を凝らす
- 目もとがやわらかくゆるむ
- 静かに目を伏せる
- 疑わしさを感じて目を細める
- 好意を寄せる相手と目が合い、ウインクする
- 優しげに目尻が下がる
- 眼光鋭く相手を見つめる
- うろたえて目が泳ぐ
- 耐えるように目を閉じる
- カッと目を見開く
- キョトンと目を丸くする
- 眠そうに目をしばしばさせる
- 上目遣いで甘える
- 恐怖のあまり白目をむく
- 怒りを込めてにらみつける
- いぶかしげに相手のことをじろじろと見つめる
- 書かれた文字を目で追う
- 焦点が定まらずぽーっとする
- ぎゅっと目をつぶる
- 新聞の小さい文字が読めなくて目をすぼめる
- 一瞬にして目つきが変わる
- 不安げに瞳を揺らす
- 喧嘩中の気まずさから目を合わせようとしない
- 意味ありげな視線を送る
- 感動のあまり目頭を押さえる
- 思いもよらぬ奇抜な意見に目を白黒させる
- 遠くを見るような目つき
- 流し目にちらりと見る

 "目"は言葉では表しにくい心情の深みや独特の間を生む

著 名なことわざのひとつに、「"目" は口ほどに物をいう」があります。感情のこもったまなざしは言葉で話すのと同じくらい気持ちを伝えることを意味します。

96 ページで "見る" 動作について解説しました。**「目」自体にも気持ちや心情を表すアクションが多々あり、小説では時として会話以上に雄弁に機能します。**

以下、使用頻度の高い表現の例を挙げてみました。

・目を見張る：驚愕や激しい狼狽を表す

・目が泳ぐ：ひどく動揺して気持ちに焦りが生じる

・目を落とす：気まずい雰囲気やショックに耐え切れない

・伏し目がちになる：本当の気持ちを隠したい

・目をしばたたく：感動など激しい情感で涙がこぼれそうになる

・目を凝らす：じっと見つめて凝視する

・白目をむく：恐怖や驚きで目を見開く

・目を丸くする：驚きのあまり、思わず目を大きく開く

また、「目」を直接的に扱わなくても、周辺部位に代替して表現する場合もあります。

・まぶたをぎゅっと閉じる：強制的に感情を抑止して必死で堪える

・まなじりが下がる：状況に満足してゆるやかな笑みを浮かべる

・まなじりを上げる：驚きや緊張が感情を支配する

・瞳を凝らす：じっと真剣に見つめる

・瞳を据える：真剣に見つめて視線を動かさない状態

・双眸を細める：口には出せない疑いや喜びを表す

「目」を使った感情表現は会話の途中に突然盛り込むと効果を発揮します。なぜなら言葉では表しにくい心情の深みを醸し出し、独特の間を持たせられるからです。ぜひ習得してみてください。

口 【くち】

[英：mouth]

【意味】

飲食を摂取したり、しゃべったりするための器官。

【類語】

口もと　口角　唇　歯　舌

関連語と文章表現

- うれしくてにやける
- 拗ねたように唇を突き出す
- 不満を感じて口角を下げる
- 口もとを引き締める
- イタズラがばれて、茶目っ気たっぷりにペロッと舌を出す
- 大きなあくびをする
- ふーっと息を吹きかけて熱いものを冷ます
- 歯をむき出しにして豪快に笑う
- 驚きで口がぽかんと開く
- 緊張して唇を舐める
- 口の端がヒクヒクと引きつる
- 集中するあまり口がすぼまる
- いら立って舌打ちする
- 恥ずかしそうな様子ではにかむ
- きゅっと下唇を噛む
- 悔しくて歯ぎしりする
- 恐怖から歯が噛み合わずガタガタいわせる
- 片方の口角だけを引き上げて、ニヒルに笑う
- 口をへの字に曲げる
- 動揺して口をパクパクさせる
- 優雅に煙草をくわえる
- 唇を内側へと巻き込んで、固く口をつぐむ
- 答えにくい質問にせき払いする
- 静かにしてほしい意を込めて、しーっと息を吐く
- 待人を見つけてあっと口を開く
- ごはんを勢いよくかき込む
- 不機嫌に口もとを歪める
- 口をいーっと真横に引き伸ばして相手を挑発する
- 口を真一文字に閉じる

喜怒哀楽は〝口〟のアクションだけでも伝わる

言葉を発しなくても、〝口〟は雄弁に物語ります。とはいえ、微細な感情表現のバリエーションは、前頁の〝目〟には敵いません。おそらくそれは動きの変化自体が少ないからでしょう。

　それでも**喜怒哀楽の四大感情は、「口」のアクションだけで十分に伝えられます。**以下をご覧ください。

> 喜 —— 口角をやんわり上げる
> 怒 —— への字に口を結ぶ
> 哀 —— きゅっと口をすぼめる
> 楽 —— 口もとがふっとゆるむ

　ちなみに驚きであっけにとられたときは、「口があんぐりと半開きになる」ことで呆然自失ぶりを文章化できます。

　一方、口に類する部位を使うものとして、「何度も唇を舐める」は極度の緊張状態を、「白い歯を見せる」は笑う所作を表します。

　人の気持ちとはちょっとした表情に表れるものです。

感情の変化は口もとに表れる

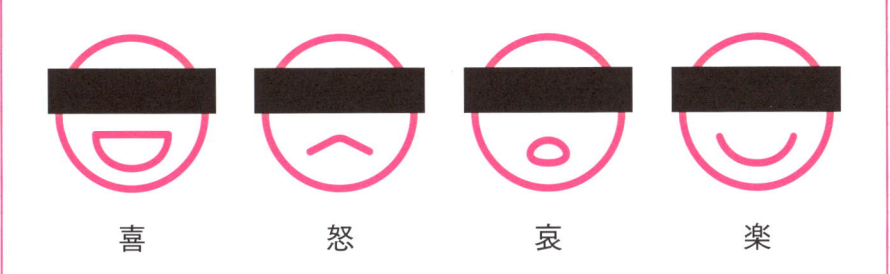

喜　　　　　怒　　　　　哀　　　　　楽

鼻 【はな】

［英：nose］

【意味】

においを嗅いだり、呼吸したりするための器官。

【類語】

小鼻　鼻翼　鼻頭　鼻尖　鼻筋　鼻根　鼻孔　鼻先

関連語と文章表現

- 勝ち誇ったように鼻を鳴らす
- 漂うおいしそうな匂いに、鼻をヒクヒクさせる
- ズルズルと鼻水をすする
- 大きなくしゃみをする
- 不機嫌そうに小鼻をふくらます
- 照れくさそうに鼻をくしゃっと中央に寄せる
- ぐうぐうといびきをかく
- 空中を飛び交っているであろう花粉に鼻がむずむずする
- 鼻の穴を広げて空気をいっぱいに吸い込む
- 鼻でゆっくり呼吸する
- もっとよく匂いを嗅ごうと鼻をスンスン鳴らす
- 嫌な臭いに鼻をつまむ
- 恥ずかしくて鼻先をかく
- 得意になって鼻の下をのばす
- 鼻先をツンと上に向ける
- あきれたように鼻で笑う
- ライバルの鼻を折ってやる
- あまりに酸っぱいものを食べて鼻にしわが寄る
- 鼻を歪めて嫌悪感を表す
- ストレスを吐き出すように鼻息を荒くする
- 鼻をしきりにこする
- 鼻に手を当てながら、どうするべきか思案する
- 鼻歌まじりに作業する
- 相手と鼻を突き合わせる
- よい知らせに安心して、鼻から息を漏らす
- 自慢げに鼻をうごめかす
- 嫌味を鼻であしらう

「拒絶のサイン」を示すのに〝鼻〟は便利な小道具になる

顔の中央にありながら、目や口ほどに存在感がない〝鼻〟は、どちらかといえばネガティブな心理状態を表します。

地味ではあるものの微細な感情の動きを的確に代弁し、覚えておくと重宝する小道具となります。

以下は物語創作で使用頻度の高い「鼻」の表現例です。

・僕を見て、彼女は鼻で笑った［意味］小馬鹿にして嘲笑する
・話を聞きながら彼は鼻を鳴らす［意味］不満を露わにする
・男は私を鼻であしらった［意味］冷たく邪険に扱う
・不遜な態度に彼女は小鼻をふくらます［意味］納得がいかない

そもそも「鼻」に触れる人の心理は、気持ちに茫漠とした不安が芽生えている状態だといわれます。たとえば、直面する事態に恐怖や焦燥を感じているとき、嘘をついているとき、何か大切なことを隠して落ち着かないとき、というように。**「拒絶のサイン」として鼻を活用すれば、説明的な文章を書き連ねるより有効に機能します。**

ピノキオは嘘をつくほど〝鼻〟がぐんぐん伸びていく

体 【からだ】

［英：body］

【意味】

頭からつま先までのひとまとまり。

【類語】

身体　肉体　体躯　胴体　上半身　下半身　姿

関連語と文章表現

- 体をひねってうしろを振り向く
- 体がビクッと震える
- 背筋をピンと伸ばす
- 背中を丸めて小さくなる
- 堂々とした態度で胸を張る
- 力を入れて、たるんでいるお腹を引っ込める
- しゅんとして肩を落とす
- がっくりとうなだれる
- 深く頭を下げてお辞儀する
- 集中して相手の話を聞こうと前かがみになる
- どっかりとイスに腰を据える
- リラックスした様子でゆるりとソファにもたれる
- じっと動かずにそのままの体勢を維持する
- じっとできなくて身じろぎする
- 意を決して体当たりする
- 息が弾んで胸が上下する
- 注意を受けて肩をすくめる
- 疲れて大きく肩を回す
- ゆったりと肩で息をする
- 静かに身を伏せる
- ウキウキして体を横に揺らす
- 安定した姿勢を保つ
- 腰をねじってストレッチする
- 上半身を大きく回す
- 慌てて布団から飛び起きる
- 流れる音楽に身をゆだねて腰をくねらせる
- 伸びやかに体をしならせる
- 嫌そうに身をよじる
- 怖がって身をかがめる
- 肩を張って威勢よく振る舞う
- ベッドに勢いよく倒れ込む

心身の変化を如実に描写し 印象的なシーンをつくる

人の〝体〟の部位と仕草を用いた表現はじつに多彩で、一瞬の感情・心情を捉え、文脈に独特の臨場感や印象効果をもたらします。なかでも執筆に役立つ表現を抜粋してみました。

- 肩が震える：深い悲しみで言葉にならないほどの衝撃を受ける
- 胸がすく：わだかまりが消え失せて心が晴れやかになる
- 腰が重い：気がかりなことがあってすぐには行動できない
- 心肝を砕く：苦心して思い煩う不安定な心持ち
- 尻馬に乗る：見境なく人に同調して無責任な行為に出る
- 骨抜きになる：覇気や気迫が失われて無気力になる
- 肝が据わる：落ち着き払って度胸がつき、心のブレがなくなる
- 総毛立つ：圧倒的な恐怖のために全身がゾッとする
- 血が滾る：激しい情感の高まりでいよいよ行動を決意する

創作上のポイントは、人物の心身の変化を如実に描写したい場面で使うことです。効果が薄れるため多用はお勧めしません。

すべての仕草に固有の気持ちが含まれることを意識しよう

頬杖をつく

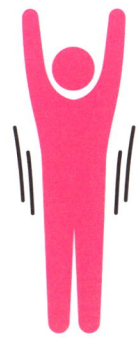

背伸びする

腰に手を当てる

手・腕 【て・うで】

[英：hand/arm]

【意味】
人体の肩から先の部分。

【類語】
二の腕　肘　手首　指　手先　手のひら　手の甲　こぶし

関連語と文章表現

- 親しげに腕をからめる
- さよならと手を振る
- こっちにおいでと手招きする
- ものを大事そうに抱きかかえる
- 道具を大きく振りかぶる
- 悔しさがつのって、こぶしを固く握りしめる
- さりげなく手をつなぐ
- 髪を豪快にかき上げる
- 手を前に突き出して制止する
- 優しく頭を撫でる
- 笑うときに口もとを手で隠す
- まばゆい光に手をかざす
- 体をさすって寒さを紛らわす
- 手慣れた様子でパソコンのキーボードをタイピングする
- 体のうしろで手を組む
- グッドサインを送る
- パチパチと拍手する
- 顔を叩いて気合を入れる
- 喧嘩相手に殴りかかる
- こぶしを突き上げて喜ぶ
- 手でパタパタと顔をあおぐ
- 偉そうに腕組みする
- 気づいてもらおうと肩を叩く
- 相手の体を肘でつつく
- 感謝の気持ちを込めて、胸の前で手を合わせる
- 手を上げてタクシーを呼ぶ
- 安堵して胸に手を当てる
- 両手をこすり合わせる
- 助けようと手を差し伸べる
- パチンと指を鳴らす
- 腕を上げて伸びをする
- 怯えて自分の体を抱きしめる
- 暇そうに頬杖をつく

日常の仕草や癖に 深層心理が表れる

自身では意識できていない心の奥底にある気持ちを深層心理といいます。誰もの日常の仕草や癖に、この深層心理が表れるのをご存知の方も多いはず。物語創作ではこうした特性を利用し、人物の体のアクションで心理状態を暗にほのめかします。

とりわけポピュラーなのが、"手・腕"の仕草を用いた描写でしょう。**ぎゅっとこぶしを強く握るのは、全身が強張っている証拠で、極度の不安を表します。**会話の途中で相手がこぶし握る場面をインサートすれば、シリアスな展開への予兆となります。

しばしば顎や耳を触ったり、腕時計に手を置いたりするのは警戒や緊張の表れで、人物の神経症的傾向を暗示できます。

一方、**腕を組むポーズが拒絶を象徴するのは有名ですが、いくつか細分化されます。**自分の体を抱え込むように腕組みすれば強い不安の表れで、胸を張って両腕を高い位置で組めば力強さのアピールです。時として挙動は言葉より雄弁となります。

緊張や不安感を表す仕草バリエーションはほかにもある

指を組む

手をテーブルの 下に隠す

ポケットに 手を入れる

足 【あし】

[英：leg]

【意味】
人体の股からつま先までの部分。

【類語】
脚　太もも　膝　ふくらはぎ　すね　足首　くるぶし　かかと　つま先

関連語と文章表現

- せわしなく足を組み替える
- 足をばたつかせる
- ものを拾おうと膝を折る
- つま先立ちで背伸びする
- 怖くなって後ずさる
- 邪魔なものを蹴りつける
- 激しく貧乏ゆすりをする
- こぢんまりと体育座りする
- 足がガクガク震える
- 足を前方に投げ出す
- アップテンポな音楽に乗って、足でビードを刻む
- 片膝をついて忠誠を誓う
- ふらふらとよろめく
- 足をもじもじとこすり合わせる
- あぐらをかいて地べたに座る
- ぶらぶらと膝下を揺らす
- 怒りのあまり地団駄を踏む
- 片膝を立ててへたり込む
- 足を開いてバランスをとる
- ピタッと足を閉じる
- 立ったまま足をクロスさせる
- ほどけた靴ひもを直そうと台の上に片足を乗せる
- 疲れの溜まった足首を回す
- かかとを上下させる
- 自分の足で相手の足をつついて合図を送る
- 萎縮して内股になる
- カタカタと足を揺り動かす
- 足裏で踏ん張って仁王立ちする
- 足を伸ばして柔軟運動を行う
- 気分が上がってステップを踏む
- どうにか体を温めようと、その場で絶えず足踏みする
- 手を使わずに靴を脱ぎ捨てる

人間の心理状態は
歩幅からも読み取れる

人の顔や〝手・腕〟には自然に視線が向いても、〝足〟にまで目が行き届くことは稀かもしれません。

だからこそ無防備な部位だともいえます。物語で着目されやすい描写のひとつに「足組み」があります。通例、足を組むポーズは、緊張や不安や警戒といったネガティブな心理を示すと評されるものの、じつはリラックスしている説や、自己アピールが強い説など、諸説紛々です。**よって不用意に作中で断定的に扱わないほうがいいでしょう**。ただし明白なのは、上に組んだ足先が小刻みに震える、いわゆる「貧乏ゆすり」です。この状態を描けば、間違いなく不快感やイライラ感を如実に伝えられます。

また、**歩く際の足の動きにも明らかに心理状態が表れます**。颯爽と大きな歩幅で歩けば、気力に満ちた自信が伝わります。のろのろと小さな歩幅なら、無気力感や自信のなさがうかがえます。日ごろから人の動作で心理状態を見抜く観察眼を磨いてみましょう。

深層心理を表す〝足〟の注視ポイントはさまざま

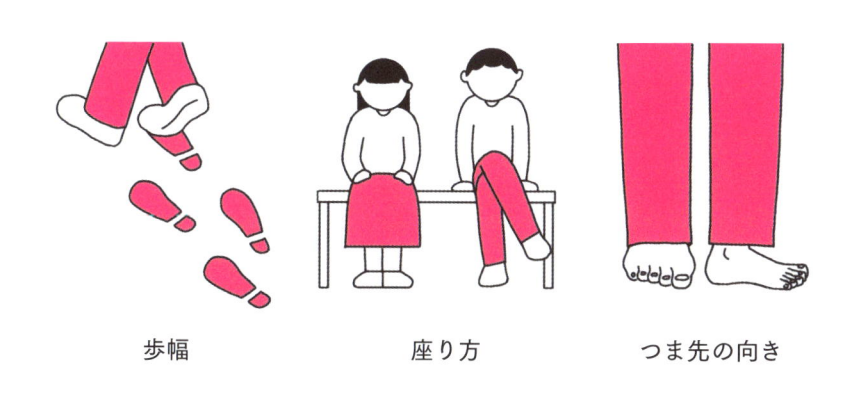

| 歩幅 | 座り方 | つま先の向き |

その他 【そのた】

［英：others］

【意味】

P.118 〜 129 で紹介した以外の体の部位

【例】

首　肩　頭　顔　耳　背中

関連語と文章表現

- 不思議そうに首をかしげる
- 噛みしめるようにうなずく
- 不快なものから顔をそむける
- 機嫌を損ねてそっぽを向く
- 中折れ帽を目深に被り直す
- ごろごろ寝返りを打つ
- 相手の肩に頭を乗せて、甘えるようにもたれかかる
- 背中にそっと手を置いて相手のことをなだめる
- 否定の意を込めてかぶりを振る
- 嫌なことを忘れようと、お酒の入ったグラスを一気にあおる
- チラチラ時計を盗み見る
- 額に流れる汗をぬぐう
- 鞄のなかをゴソゴソとあさる
- あごに手を当てて考え込む
- 眼鏡のつるを押し上げる
- スマホの画面をスクロールするために高速で上下する指
- 関節をポキポキと鳴らす
- サングラスをしきりに触る
- 靴のかかとを折って履く
- スマホを器用に操作する
- 指先で器用にペンを回す
- スラスラと筆を走らせる
- リップクリームを塗る
- 言いたいことをジェスチャーで必死に伝える
- スマホの画面から一向に目をそらさずに相槌（あいづち）だけを打つ
- 乱暴にドアを開け閉めする
- せっかちにボタンを連打する
- 眉間のしわをもむ
- 得意げに片方の眉を上げる
- 話しながら耳を触る

身近なアイテムを有効活用して キャラ造形に生かす

仕草から少しテーマが離れるものの、身の回りの小道具をうまく使うと、登場人物の傾向や心理を効果的に演出できます。

まず代表的なのはスマホでしょう。**物語が現代劇なら作中に必須のアイテムですが、登場人物の性格づけにもひと役買います。**

たとえば、どんなときでもしきりにスマホを覗き込む人を描けば、不安感や焦燥感にかられる心理を浮き彫りにできます。初対面なのに両手に持つ2台のスマホ操作をやめない人なら、非常識かつ謎な印象を強調できます。**感情が出やすい目を隠すサングラスもキャラ造形に役立つ小道具のひとつ。**外見にコンプレックスを抱えているか、ナルシスト傾向を匂わせられます。顔と頭部を隠せる帽子も同様です。素顔をなるべく見せたくないか、あるいは目立ちたがり屋なのか、どちらのキャラでも使えます。

身の回りのさまざまな小道具を創作ツールとして有効活用し、キャラ造形に効果的な演出を施してみてください。

初対面のシーンだけで謎キャラを強調できる一例

キャラを立たせるには しゃべり方と口癖が重要

　心理状態や感情表現は仕草以外にも表れます。キャラクターの特徴を端的に伝える意味で有効なのはしゃべり方です。

　ぺらぺらと余計なことまで繰り出す饒舌な人であれば、どこか油断できない要注意人物として設定できます。

　落ち着いた物腰で、理路整然とした口調で話す人なら、少々理屈っぽいけど頭の回転が速いインテリな人という印象を読者に植えつけられます。

　言葉少なめにぶっきらぼうなしゃべり方をする人は、無骨で愛想のない性格に映ります。ところが重要な場面で人が変わったように熱弁を奮って思いの丈を言葉にする一面を見せれば、根が真面目で情熱を隠し持つ人格者へとキャラ変することが可能です。

　会話のやりとりで、こうしたしゃべり方の差異を意識すると、リアルな臨場感が演出できると同時に、キャラ立ちの一助にもなるので覚えておくと便利に使えます。

　口癖の活用もキャラ立ちに有効です。

　第一声でとにかく「いやいや」と否定から入る人なら、ひねくれた性格の嫌われ者、「私なんか……」と自身を卑下する人はネガティブなマイナス思考、「大丈夫」「絶対なんとかなる」と周りを励ます人はポジティブなプラス思考として描けます。

　日ごろの人間観察でさまざまな特徴を取り入れてみましょう。

状態

物語の流れを方向づける

PART.4

主人公とライバルの「状態」は反対なのが鉄板

　人物というのはつねに、何らかの状態にあるものです。それは健康面での状態をさすこともあれば、金銭面での状態をさすこともあります。

　人物を描写する際は、その人物がどんな状態にあるのか考えておくことが必要です。主人公がケガをしていたり、貧乏であったりというマイナスの状態にあれば、その困難をいかにして乗り越えるかという過程を描くことが物語の大筋になるでしょう。

　また、敵や周囲の人物の状態を主人公とは反対にすることで、それぞれの印象を読者へ鮮明に植えつけること

状態

もできます。たとえば主人公が恵まれない状態にあるな
か、ライバルがとても幸福な状態にあるように描写すれ
ば、読者は主人公に対してより心を寄せるようになりま
す。**それは読者を物語の世界に深く引き込むことにつな
がるのです。**

　PART.4 では、創作で使える主要な状態の表現につい
て掘り下げていきます。実際に状態を描写する際は、ど
のタイミングでその状態に陥らせるかが重要。描きたい
物語の流れをしっかり練りつつ、ベストな描写のタイミ
ングを探し出しましょう。

死・仮死【し・かし】

[英：death, apparent death]

【意味】

死：命がなくなること。　仮死：死んだように見えるが、生きている状態。

【類語】

死：死亡　永眠　他界　逝去　往生／仮死：瀕死　危篤　半死半生

関連語と文章表現

- 心肺停止状態に陥る
- 呼吸が止まってもはや動けない
- とことんまで追い詰められて息絶え絶えになる
- 命が途絶え空っぽの肉体
- 出血多量で絶命する
- 死んだように眠る
- 食糧不足で餓死する
- 鋭いナイフでめった刺しにされた惨殺死体
- 若くして戦死した兵隊たち
- 検察が導き出した死亡推定時刻
- 不慮の外因による死
- 瞳孔の散大で死が決定的になる
- 脈拍が完全になくなった状態
- 生死の境目を彷徨う
- 仮死状態から奇跡的に蘇生する
- 凄絶な死を遂げた強盗犯
- 業務上過失致死罪で送検される
- 死人に口なし
- 法的に禁じられた安楽死
- 死者たちの魂が眠る場所
- 老衰で死去する
- 増加する交通事故死
- 尊厳死を選択する患者
- 死んでお詫びする
- 決死の覚悟でダイブする
- 冥途の土産に聞かされた真犯人
- 根強く残る他殺か自殺かの論争
- 死をもって償う
- 検死結果の報告を受ける
- 死に至る病
- 運転手の死角で起きた事故
- 植物状態からの奇跡的な回復
- 病に倒れて獄死した受刑者
- 血圧低下によるショック死

CREATOR'S FILE

"死"をどう表現するかで 相手へのリスペクト度合がわかる

リ スペクトがあるか否かで"死"の語彙表現は大きく異なってきます。大前提としてその点を理解しましょう。

具体的に説明します。とある小部屋に女性が仰向けで横たわっています。そこにはすでにひとりの男性 A が立っていて、別の男性 B が慌てて入ってきます。男性 B が口火を切ります。

「え？　彼女、ど、どういうこと？　何があったんですか？」

Ⓐ「永遠の眠りについたところです」

Ⓑ「お亡くなりになりました」

Ⓒ「息を引き取ったよ」　　　　　男性 A の答え
　　　　　　　　　　　　　　　4 パターン
Ⓓ「死んだ」

読んでおわかりの通りⒶからⒹへ下がるにつれ、尊敬の念が失われています。小説ではふたりの男性のこの会話だけで、女性を含めた各々の性格や立場や関係がうっすら浮かび上がります。

「死」に対する表現ひとつで多様な意味をもたらす一例です。

死体の語彙も多彩なバリエーションがある

遺体	［いたい］	死んだ人の体をさし、「死体」より丁寧な語彙
亡骸	［なきがら］	死んでしまって魂の抜けた体をさす
死屍	［しし］	死体と同義。［死屍累々］とは無数の死体が折り重なる陰惨な光景をいう
死骸	［しがい］	人あるいは動物の死んだ体躯
屍	［しかばね］	死体と同義。［生ける屍］とは肉体的に生きていても精神が死んだも同然の人をさす

病気 【びょうき】

［英：disease］

【意味】

生物が正常な生理・精神機能を阻害され、健康な生活を営めないこと。

【類語】

病　疾病　疾患　患い　病患

関連語と文章表現

- 不摂生で病に倒れる
- 生体が異常をきたした状態
- 心を患って体調がおかしくなる
- 若いころから病気がちな体質
- 入退院を繰り返す
- 病は気からと昔からいう
- ひどく健康を損なう
- 機能障害によってさまざまな問題が引き起こされる
- ストレス過多による心労
- 病原体の外的要因による病気
- 猛威を奮う謎の感染症
- 遺伝性疾患だと医者が告げる
- 昔から病気がちな人ほど、じつは健康だという一説がある
- 絶望的な不治の病
- 病的にアルコールを飲む体質
- 約２年に及ぶ過酷な闘病生活
- 恋煩いにつける薬はない
- 仮病ばかりを使う嘘つきな人
- 原因不明の症状に襲われる
- 現代病のひとつとされる、ふれあい拒否症候群
- 腸内環境の悪化が招く体調不良
- 中高年に多い生活習慣病
- 数度に及ぶ大病を経てようやく健康の大切さに気づく
- 全身が気だるく動かせない
- 隔離された罹患者（りかんしゃ）
- 深刻な精神疾患で対人関係に支障をきたす
- ついに迎えた疾患の終末期
- 空気感染で広まるウイルス
- 寝たきりの生活を送る患者
- 微熱が下がらない状態
- 過労による睡眠不足

死亡フラグを立てる際は よく考えて慎重に

人なら誰しもが背負う、哀しき宿命のひとつに〝病気〟があります。そしてあらゆる物語において [病気の人] は、少なくない確率で登場します。

物語にキャスティングされる [病気の人] は大きく分けて２つ。ひとつは序盤からすでに死亡フラグが立つ重病者、もうひとつは主人公の果敢な行動によって救われる準主役級キャラです。後者はファンタジーで多用されるパターンとなります。

[病気の人] を起用する理由はさまざまではあるものの、**明確な目的としては冒頭で述べた通り、誰しもが背負う宿命だからこそ共感を誘いやすい点です。**とはいえ、不必要にお涙頂戴の演出は NG。昨今は長いタイトルを見ただけで死亡フラグが立っていることがわかる謎な [病気] 系作品を散見しますが、あまり感心しません。物語創作の基本はオリジナリティの追求にあります。その手法で１作目が書けても、２作目以降はおそらく壁にぶつかることでしょう。

昨今の物語で扱われる〝病気〟は３種類ある

① フィジカルな病気	身体を蝕み、不治の病はこの類いである
② メンタルな病気	精神を蝕み、鬱病やパニック障害などがある
③ ビョーキ	上記に該当しない最近流行のカタカナ言葉 医学的根拠のない心身の病をさすことが多い

ケガ 【けが】

［英：injury］

【意味】

自ら意図せずに身体に傷を負うこと。

【類語】

負傷　傷　傷創　傷害　傷痍_{しょうい}

関連語と文章表現

- 夜道で何者かに背後から襲われて背中をばっさりと斬られる
- 不慮の事故で重傷を負う
- ケガ人が続出した厳冬の登山
- 大事故に巻き込まれながらも奇跡的にかすり傷で済んだ
- 向こう傷を額に受ける
- ケガがつきものの格闘技
- 転んで膝を擦りむく
- 殴られて歯を折られた
- バスケの試合中に転んで足首を複雑骨折する
- ケンカで腕を折られる
- 自転車が倒れて脱臼した
- ボクシングのスパーリングで鼻骨を粉々にされる
- 混み合う会場内で将棋倒しになり、多数の負傷者が出る
- 濡れた床ですべって腰を打つ
- 多くの重傷者を出した列車事故
- 小さな切り傷から細菌が入り込んで感染症になる
- 調整に失敗して肩を壊してしまった新人ピッチャー
- 頬に負った深い傷が疼く
- 不注意によるケガを心配する
- 白熱した試合だけに多少のケガはしょうがない
- 事故によるケガを補償する保険
- 生傷が絶えない現場仕事
- 戦争での銃創の痕は消えない
- 手負いの獣が追ってくる
- パソコン作業による腱鞘炎_{けんしょうえん}
- 相当なダメージを受けてもはや再起不能になる
- ケガした足をかばいながら歩く

CREATOR'S FILE

ストーリーに起伏をつけるには 「強い主人公に〝ケガ〟をさせよ」

「可 愛い子には旅をさせよ」ということわざをご存知でしょうか。厳しい経験を重ねるほど人は成長するため、我が子にはあえて厳しい試練を与えよ、という意味です。

　物語創作では「強い主人公には〝ケガ〟をさせよ」というセオリーがあります。とりわけヒーロー系物語の場合、強い主人公のままで展開が流れると、ストーリーに起伏がなくなって胸熱な盛り上がりを用意できません。そのため後半に差しかかる手前で、一度とことん主人公を陥れて辛苦を舐めさせれば、復活からの大逆転劇が描けるという算段です。その際、**有効なのが敵側に大敗して、大ケガを負うパターン。**このセオリーは万国共通の鉄板テンプレートで、90分尺のハリウッド映画なら3幕構成の2幕が終わった残り30分あたりで必ず主人公が窮地に陥ります。

　つまり「ケガの功名」というよりは、「災い転じて福をなす」をお約束事項として、ラストの見せ場を担保しているわけです。

完全なヒーローより、弱みを持つヒーローのほうがウケる

VS

不衛生 【ふえいせい】

[英：unsanitary condition]

【意味】

健康維持に適さないこと。清潔でないこと。

【類語】

不潔　汚い　汚らしい　薄汚い　不浄

関連語と文章表現

- 汚らしい野生動物の群れ
- ごみごみしたスラム街
- 悪臭が充満する化粧室
- 詰まって流れない排水管
- 立て続けに食中毒患者が出たと噂のレストラン
- 襟もとが黒いシャツを着た男性
- 生活排水が垂れ流しになって汚染された河川の一帯
- 汚物まみれのパジャマ
- ほこりを一面に被ったテーブル
- １カ月近く風呂に入れないサバイバルの劣悪な環境
- どこからともなく漂ってくるすえた臭い
- 油がこびりついてる汚れた皿
- 着の身着のままで十数年間生きてきた無人島の漂流者
- 無数のハエが群がる廃棄物
- 手垢にまみれたサビだらけの柵
- カラスに食い散らかされて道路に散乱する生ゴミ
- 淀んだ水があふれる古井戸
- フケだらけの長い髪の毛
- ペットボトルのなかの腐った水
- むさくるしいなりをした旅人
- カビが生えたグラス
- 無法地帯となったゴミ捨て場
- 歯磨きは３日に一度で風呂は週一だという会社の同僚
- 長年無人の朽ち果てた廃屋
- 掃除が行き届いてない浴槽
- 台風で浜に打ち上げられて腐敗した魚の群れと海藻
- 汗が染みついて臭うＴシャツ
- 水面に気泡がブクブクと浮く沼

創作でも現実でも嫌われる ネガティブ属性の代表格

悪役を含め、嫌われ者を物語に起用する際、とかく外見や性格を劣悪にしようとトライするものですが、案外これが難しい。試行錯誤しても結局は既視感のあるテンプレ的キャラに収まっていませんか？　**そんなときはプラスαのネガティブ属性を付与すること**です。〝不衛生〟はその代表格のひとつ。現実世界でも不潔な人は嫌われます。この特性を利用しない手はありません。

ただし物語での表現には配慮が求められます。**「不衛生」な外見ビジュアルを文章化するだけでは読者に伝わりにくい**からです。物語執筆の基本作法として、五感に訴求するテクニックがあります。書き手はつい視覚的な描写ばかりに終始しがちですが、読者の聴覚、嗅覚、触覚、味覚にも訴えかけましょう。

「不衛生」キャラなら独特の不快な臭気や、しゃべるときや食事時の嫌な濁音、ヌルヌルした無気味な皮膚といったディテールを随所に盛り込むことで不潔感みなぎる不快な人物に仕上がります。

あらゆる人物描写は五感に訴えることが基本

酔う 【よう】

[英：become intoxicated]

【意味】

体内に酒気が回るなどして、正常な状態でなくなること。

【類語】

酩酊　ろれつが回らない　出来上がる　べろんべろんになる　千鳥足

関連語と文章表現

- ひと息にビールを飲んだせいか気分が解放的になる
- 今朝はなんだか二日酔いだ
- 口当たりのいいカクテルは思いのほか酔いが回る
- いつも酒臭い会社の上司
- アルコールアレルギーの人は一滴でも酒を飲んではいけない
- 迎え酒は体によくない
- 緊張のあまり酔いの回りが普段より早く感じる
- いろんな種類の酒を次々飲んで悪酔いしてしまう
- 空腹で酒を飲むと酔いが早い
- 急性アルコール中毒で学生が死亡する事件が起きた
- 泥酔して記憶を失う
- 昨日は吐くほど飲んでしまった

- 風呂上がりに飲む冷えたビールほど美味いものはない
- 酒に強い体質は遺伝だと思う
- どれだけ酒を飲んでも酔わない
- 酔いにまかせてからむ客
- 彼女はいつもそつのない上品なお酒の飲み方をする
- 飲酒運転には厳罰が下される
- 酔った自覚はないのに顔が真っ赤で頬が熱いことに気づく
- 酔うと乱暴になる人
- このあたりの夜の街は酔っ払いが多いことで有名だ
- 仕事の飲み会なので深酒して失敗しないよう気をつける
- あの人は酒癖が悪い
- 酔って寝てしまったために電車を乗り過ごしていた

"酔う"シーンで必要な 3つの多面的変化

酒 に"酔う"状態は予測不能な事態を呼び起こすときがあります。平常時では陰キャな男性が横柄で暴言を吐く人になったり、取り澄ました美女がはっちゃけた陽キャに変貌したり——物語的にはおいしい流れになって然るべきシーンです。

とはいえ、**ただ酒を飲み、酔っ払った勢いで奇想天外な方向に進むだけでは片手落ち**。登場人物を深掘りできると同時に、転換点となる場面でもあるため、以下の変化ポイントを入念に押さえるべきです。

---

① 性格の変化：初出時の印象とは異なる素性を露わに描く
② 距離の変化：酔って敵対するのか親睦を深めるのかを描く
③ 動向の変化：今後の展開を変える意味深な予兆を描く

こうした多面的変化をきちんと描写してこそ、「酔う」シーンを物語に取り入れる必然性が生まれます。逆をいえば、**ストーリーに影響を及ぼさない「酔う」シーンなら必要ありません**。上記①〜③が面白く描けるかをバロメーターにしてみましょう。

"酔う"局面からの展開で物語を面白くすることが大切

酔って仲違いの
大ゲンカ

酔うとまったく
別人の顔になる

酔って秘密の
打ち明け話

裕福 【ゆうふく】

［英：wealth］

【意味】

財産や収入が多く、生活に経済的な余裕があること。

【類語】

金持ち　リッチ　富裕　有産　富貴

関連語と文章表現

- 気持ちに余裕がある暮らし
- 莫大な親の資産を相続した
- ストレスを感じたことがない
- 世界中に瀟洒な別荘を所有して気分によって住み分ける
- 億万長者といわれる年収を誇る
- 毎日遊んで暮らしている
- 生まれてこのかた、あくせく働いた経験がない
- 何不自由なく生活する
- 執事がすべてを世話してくれるので何も心配いらない
- ものにあふれた人生を送る
- 一年中旅行して遊ぶ
- 会社をいくつも所有している
- 一度たりとも飲み物や食べ物に困ったことがない
- 高級車を数台所有している
- つねに心が満たされている
- ローンを組んだことがない
- いくつもの事業を成功させた
- 真の幸せは金銭では計れないことを熟知している
- 欲しいものはすべて手に入れた
- 飛行機はファーストクラス以外乗ったことがない
- 屈指の大富豪と結婚した
- 誰よりも豊かな人生を過ごしている自負がある
- 働かなくても一定の収入が入る
- 誰にも束縛されない日々
- 資産管理の法人を運営している
- すべての夢を叶えられた
- 社交界の人と交際している
- ささやかな毎日であっても大いなる多幸感を覚える

"裕福"な人を善の支持者にすると物語の幅が広がる

 資産や収入が潤沢で豪邸に住み、豊かな暮らしを欲しいままにする "裕福" な人が悪者なのは、昭和以前のキャラ設定。

令和の今ではしっくりきません。裕福であれば何不自由なく過ごせ、好きなことに打ち込めます。英才教育も受けられます。

とすれば若いころから知見に富み、自分の可能性を信じられ、社会や親に対する感謝の気持ちも深いはず。つまり、拗ねて悪者に身を落とす必要性が見当たりません。そのまま成長して好きなことに邁進し、自らが望む道を生きればいいわけですから。

このように考えるなら、**「裕福」な人こそ善の支持者として、ヒーローを応援するか、あるいは本人が正義の味方になるべきでしょう**。鍛錬して強くなることも、最先端IT機器を揃えることも、手練れのスペシャリストを雇用することだって可能です。

古くからの固定概念を打ち崩し、自由に発想を広げることは創作の要。そこにオリジナリティを育むヒントがあります。

悪なセレブというキャラ設定は時代的にもう古い

貧困 【ひんこん】

[英：poverty]

【意味】

財産や収入が乏しく、生活が苦しいこと。

【類語】

貧乏　窮乏　困窮　極貧　清貧

関連語と文章表現

- 幸せそうな人と我が身を無意識に比較してしまう
- どうやっても心に空いた穴が満たされることがない
- さもしく荒んだ心持ちが当たり前となってしまう
- 貯蓄も資産もゼロの人生
- もう何年も外食したことがない
- 電気もガスも止められてしまう
- 財産と呼べるものが何もない
- どれだけ一生懸命働いても借金が減らない日々
- 子どもたちの学費が払えない
- 食うや食わずの毎日を送る
- 発想が枯れてしまって何もいいアイデアが浮かばない
- 他人が羨ましくてしょうがない
- スラム街で生活する家族
- 貧困な政策のため国民の生活が追い詰められる
- 彼の赤貧ぶりに言葉が出ない
- 清貧に甘んじる立派な人
- 米すら買えない貧しい生活
- 生活保護を受けて暮らす
- もう何年も住居不定の状態にあり、公園で寝泊まりしている
- 金銭が枯渇して路頭に迷う
- 禁欲的な生活が当たり前になる
- 着の身着のままのひどい姿
- おかずが一品だけの粗末な食卓
- 貧しくともプライドだけは高い
- 多重債務者の知られざる苦悩
- 海外旅行をした経験がない
- 詐欺に遭って全財産を奪われた
- 頑張ろうとも幸せを感じることができない人生

大義なき復讐劇は NG
読者の応援も共感も得られない

前 頁の流れを受けるなら、〝貧困〟な人が必ず勧善懲悪の「善」の側というキャラ設定にも違和感を覚えます。

しかし、**こちらの場合には物語の鉄板テンプレートが存在するのを忘れてはなりません**。何者か巨大な力による不埒な仕業で「貧困」を強いられたなら、さらには両親や家族まで奪われたなら、正当な権利が付与されます。

復讐という名のもとに許される成敗です。

この場合、相手側が逆賊となり、「貧困」を強いられたほうに大義名分が立ちます。**いかにもステレオタイプな善悪構図ではあるものの、これはいつの時代でもどこの国でも通じる王道パターン**。「貧困」という窮状も相まって、普遍的に支持が集まる鉄板テンプレートだと理解しましょう。

ただし、大義なき発起は NG。読者の応援も共感も得られないばかりか、作品のテーマ性が失われるためご注意ください。

大義があるからこそ応援される法則を理解しよう

倍返しだ !!

不埒な仕業で大義が生まれる

逃げ場なしの窮地は
没入感と共感を誘う

　[死][病気][ケガ]——PART.4 で解説した状態のいくつかは、現実に直面すると抜き差しならないピンチに陥ります。それゆえに、読者の共感を誘いやすく、復活からの大逆転が描けると本章内で解説しました。

　じつはこのピンチ状態にはさまざまな応用パターンがあり、物語創作では頻繁に導入されます。

　特にハリウッド映画では観客の没入感を高めるため、常套手段的に取り入れられていることにお気づきでしょうか?

　観客側は案外スルーしがちですが、以下の例をご覧いただくと、あるあるな設定だとおわかりいただけるはず。

・墜落寸前の飛行機内に閉じ込められて悪戦苦闘する
・街中を数十台の敵車両に追われて辛くも逃げ続ける
・大海原を漂流する小舟に乗って渇水＆空腹と闘う
・大勢のゾンビに囲まれながら生き残りを懸けて逃走する
・宇宙船のなかで未知の生物に狩られて追い詰められる

　これらピンチ状態を上手に演出するポイントは、「大多数 vs 孤立無援の少数」に近しい圧倒的な絶望シチュエーションをつくる点にあります。もはや逃げ場なしの窮地にドキドキハラハラする心理を活用すれば、一定レベルの没入感と共感を誘えます。

　ぜひ、オリジナルのピンチ状態を考えてみてください。

情景

漂う雰囲気を演出する

PART.5

時代や季節、時間帯で
物語の方向性を示す

　創作するとき、まずは物語の設定を決めていくことが基本です。舞台となる時代や季節、登場する場面の時間帯などにはじまり、突き詰めればさらに細かい部分まで設定しなければならないでしょう。

　そして決めた設定を物語上で読者に知らせるためには、情景の描写が必須です。たとえば、咲いている花や枝葉の様子で季節を演出したり、日の傾きや空の色で時間帯を表現したりします。直接的すぎない、こうした情景描写をうまく取り入れれば、物語全体におもむきが出てくるうえ、どう表現するかで、書き手のオリジナリティ

情景

を演出できます。

　さらには、**物語の方向性を季節の情景描写で読者に感じさせることも可能です。**希望的な物語にしたいなら春や夏を、切ない物語にしたいなら秋や冬をメインの季節に設定すれば、それだけで雰囲気が出て物語全体に統一感が表れます。

　PART.5 では、PART.1 ～ 4 とは一味違い、情景に関する表現について取り上げています。読み進めていただくことで、自分が描きたい物語の雰囲気をつかめるはずです。ぜひ参考にしてみてください。

太陽 【たいよう】

[英：sun]

【意味】

太陽系の中心にあり、地球からもっとも近い距離にある恒星。

【類語】

おひさま　お天道様　日天　日輪　火輪

関連語と文章表現

- 昇りくる朝日を背に受ける
- 冬が近づくにつれどんどん短くなっていく日照時間
- 久しぶりのお天道様を拝む
- 空が朱色に染まる夕刻の一瞬
- さんさんと輝く夏の太陽
- 目を開けていられないほど強い陽光にすがめる
- 太陽に向かって咲き誇る向日葵
- 山間へと沈みゆく夕陽
- 継ぎ目のない分厚い雲に隠れる冬の弱々しい太陽
- 木々の間から差し込む木漏れ日
- 夏の太陽で青い海がキラキラと照らされる
- 雲ひとつない晴れやかな秋の空
- 雲の切れ間から鋭く伸びるひと筋の陽の光
- 日向でのんびりくつろぐ野良猫
- いつも洗濯指数を気にする母親
- 晴れ間に雨が降ることを「狐の嫁入り」という
- 照りつける日の光でゆらゆらと浮かび上がる陽炎
- 日照り続きで水不足の河川
- ビーチサイドで日光浴を楽しむたくさんの海水浴客
- 数年ぶりの猛暑に見舞われる
- 激しい夕立の直後にくっきりと表れる見事な虹
- 梅雨時期の貴重な晴れ間
- 干ばつでひび割れる地面
- 山道の積雪をゆっくりと溶かす春の日差し
- じりじりと体力を奪い去る灼熱
- 待ち望んだ晴天に喜ぶ子ども

季節、時刻、雰囲気など
多彩な切り口でイメージする

日中の情景を描写するうえで欠かせない存在が〝太陽〟です。季節、時刻、雰囲気、空気感、瞬間といった多彩な切り口で、その場のイメージをビジュアルに想起させることができます。

しかも「太陽」には代替できるさまざまな語彙があり、前後の文意や状況によって表現を使い分けると、独特の深みと間を醸し出せます。以下に例を挙げてみました。

> ① 夕暮れどきの切なげな 日差し がふいに届かなくなる。
> ② 夏の 陽光 が頭上から容赦なくギラギラと照りつけてくる。
> ③ ぽかぽかと穏やかな 日向 に佇むうち、自然とまぶたが重くなる。

いかがでしょう？ 情景にふさわしい語彙を選択することでぐっと情感が高まり、小説的余韻が加わります。**特に長編小説では、こうした書き手の小技の集積が作品の優劣を大きく分けます。**

ところがこのスキルには特別なノウハウなどなく、ただひたすら読書量を増やし、語彙力の知見とセンスを磨くしかありません。

〝太陽〟の感じ方は千差万別なので客観的な洞察力が必要

月 【つき】

[英：moon]

【意味】

地球の周りを約 27 日かけて公転する、地球の唯一の天然衛星。

【類語】

お月さま　月光　月明かり　月影　ムーンライト

関連語と文章表現

- 風光明媚な朧月を眺めながら春の訪れを感じる
- 流れゆく雲に隠れる三日月
- 雅な風情を醸し出す上弦の月
- 鮮やかなスーパームーンに足を止める通行人たち
- 明け方の空に浮かぶ太陽と月
- 道端に伸びる２つの月影
- 真夜中にもかかわらず月明りでくっきりと確保される視界
- 黒い夜空に浮かぶ弱々しい月
- 目を凝らすと肉眼でも見える月の表面のクレーター
- どこか切なげな有明の月
- 海原に反射する月の道
- 東の空からみるみると昇ってくる大きな月
- 凛とした夜に輝く寒月
- 15 日周期で満ち欠けする月
- 中秋の名月を鑑賞しながら名酒を楽しむ宵
- 星の瞬きを消すほどの明るい月
- 新月の夜は精神が不安定に揺れるといわれている
- 月の明かりを頼りに夜道を進む
- 月にまつわる有名な唄を詠む
- 月旅行が現実のものとなる今
- 「君たちは月とスッポンだ」といわれて複雑な心境になる
- 月光に照らされた都会のビル群
- １年のうちでもっとも高度が低い夏の満月
- 日本人は月を愛でる慣習が古くから定着している
- 影の模様から、月にはウサギが住むという伝承がある

— CREATOR'S FILE —

登場人物の心情を 月に託して暗示する天才的小技

日本人にとって〝月〟は特別な存在です。古くから和歌に詠まれ、芸能や文学で扱われてきました。さらには、かぐや姫の故郷であったり、ウサギが餅つきをしていたりと、月にまつわる伝承も豊富です。当然、**月を用いた語彙や熟語は数えきれないほどあります**。紙面の都合もあるため、経験上、物語を創作するうえで絶対に知っておくべき代表的なものを集めてみました。

- **朧月（おぼろづき）**：夜空に漂う霞や霧に包まれ、ほのかにかすんで淡く見える月。春の夜に浮かぶとされる

- **新月（しんげつ）**：太陽と月が同じ方向に重なって位置し、地球からは見えない真っ暗な状態。このとき月の裏側に太陽光が当たっている

- **上弦の月（じょうげんのつき）**：新月の後、右半分が光る半月。欠けた平な面が上になっており、それを弦に見立てている

- **下弦の月（かげんのつき）**：満月の後、左半分が光る半月。上弦の月とは逆に欠けた平らな面が下になっている

- **月影（つきかげ）**：月の光や形をいうが、一方では月光に照らされた人の姿をさすことも。「影」には「光」や「姿」の意味も含まれる

- **三日月（みかづき）**：弓型の細い月。その形から人の眉に例えられる

- **寒月（かんげつ）**：真冬の寒い夜に光る月。煌々と輝くそのさまがとても冷たく寒そうに見えることから呼ばれる

- **月白・月代（つきしろ）**：月が夜空に浮かぶ際、東の空がぼんやりと白んで明るく見える状態をさす

- **朝月夜（あさづくよ）**：月が残っている明け方、あるいは月をさす

日没前後からの情景描写で空に姿を現す月を扱えば、**天候や季節、時刻をほのめかしつつ、登場人物の心情を月に託して暗示できます**。高等技術ですが、風情あるさりげない一行が読者の心に深く刺さり、小説ならではの趣を高めます。ぜひ研究してみてください。

春 【はる】

［英：spring］

【意味】

日本の習慣上は3～5月、暦の上では立春から立夏の前日まで。

【類語】

春陽　春季　春月　三春　陽春

関連語と文章表現

- 新芽の緑が美しく映える
- 軽やかになっていく服装
- 春の足音が聞こえてくる
- 太陽の光に柔らかだけど確かな熱が感じられる
- 気まぐれな春の嵐の訪れ
- なんとなく心がウキウキ弾む
- 今年も田植えがはじまった
- 明るく変わっていく街の彩り
- 気温が高くなっていく
- 日の出時間が早くなり、小鳥のさえずりが聞こえてくる
- 心地いい日差しに精神が安らぐ
- 北風から南風へと変わる
- 次第に冷え込みがゆるむ
- 空の青が鮮やかに変わっていく
- 冬物アイテムを片づけて春物へと衣替えする
- 桜の花が満開を迎える
- 雪解けが天気予報で伝えられる
- 出会いと別れの季節
- 近所の河川敷で見つけた土筆
- 花冷えで急に寒さが戻る
- 入学式シーズンに突入する
- 花粉症に悩む人が増えていく
- 冷たい飲み物が欲しくなる
- 山の緑が鮮やかに染まりゆく
- 「春眠暁を覚えず」といわれるくらい春は不思議と眠くなる
- 八百屋の店頭に並ぶ山菜
- カラフルな花が目につく
- 山野の草木がみるみる芽吹く
- 春一番の知らせを聞く
- いかにも新入社員らしいスーツ姿の男女が目立つ
- うららかな陽光が差し込む

CREATOR'S FILE

学生や新社会人が主人公の
青春系物語の出だしにふさわしい

物語を書きはじめるとき（あるいはプロットに取り組むとき）、どの季節からストーリーの幕を開けるか、かなり悩むものです。というわけで、ここからは四季に関する考察を行います。

〝春〟は世の中がリセットされて切り替わるタイミング。花々や新緑が美しく映え、ぐんぐんと空の青みが増します。人々は寒く長い冬から心身が解放され、気持ちが軽やかになります。

そして新入生や新社会人が新しい世界へと羽ばたく季節でもあります。そういう観点では、**学生や新社会人が主人公の青春系物語の出だしとして、もっともふさわしい時期**といえます。

一方、「春」にはじまるストーリーは「春」に幕を下ろすと収まりがいいという法則をご存知ですか？　かつての「春」の自分を振り返りつつ、新たな「春」と向き合いながら、未来への展望や期待感をふくらませる主人公の確かな成長ぶりが描けるからです。これも世の中がリセットされる「春」ならではの特権でしょう。

悲喜こもごもの〝春〟は青春の代名詞である

夏 【なつ】

［英：summer］

【意味】

日本の習慣上は6～8月、暦の上では立夏から立秋の前日まで。

【類語】

夏場　夏日　晩夏　盛夏　酷暑

関連語と文章表現

- 浴衣姿の女子が街を闊歩する
- 日差しがぐんぐんと強くなる
- 歩いているだけで汗ばむ陽気
- 縦横無尽に空を舞うツバメ
- スーパーで見かけた大小の西瓜
- 夏の風物詩といえる花火大会
- 雅な音を奏でる風鈴
- かき氷がおいしい季節
- 空の色が濃い青を映し出す
- 続々と海開きを伝えるニュース
- ゆったりと浮かぶ入道雲
- ドリンク類がホットからアイスへと切り替わる
- 扇風機が大活躍する日々
- 突然の雷雨に右往左往する人々
- どこかほっとした気持ちになれる蚊取り線香の匂い
- 夕刻の蝉しぐれに真夏を感じる
- 梅雨明けとともにはじまる夏
- 麦わら帽子が可愛い子どもたち
- 辟易するほどの過酷な猛暑
- 団扇をあおいで涼をとる
- うだるような暑さの熱帯夜
- 「冷やし中華はじめました」の店頭ポスターで知る夏の到来
- 毎年恒例のお盆の帰省ラッシュ
- 甘いトウモロコシに舌鼓を打つ
- Tシャツの着用が日常になる
- 人でにぎわう夏祭りの神社
- 蛍が美しい田舎の清流沿い
- 太陽に向かって咲き誇る向日葵
- 家族で海水浴を楽しんだかつての夏を懐かしむ
- 切なさが込み上げる夏の終わり
- 軒先で毎朝たくさん咲く朝顔
- 連続して日本列島を襲う台風

どんなジャンルにもフィットする便利な季節

① 年のうち、もっとも鮮烈な季節が〝夏〟です。灼熱の太陽が照りつけ、海や山がにぎわう「夏」が大好き人は数多く存在します。比例するように「夏」の物語も多数あります。

それらは数週間から数カ月間のひと夏を描いた作品がほとんどで、「ひと夏の恋」「ひと夏の奇跡」「ひと夏の事件」「ひと夏の思い出」と、どこか刹那的なサブタイトルは枚挙にいとまがありません。

しかも、青春系、ミステリー系、サスペンス系、スポーツ系など、**どんなジャンルにもフィットするのが「夏」の物語の特徴。**

「夏」を舞台とする描写のポイントは、当たり前ですが、うんと夏らしさを醸し出すことにあります。入道雲、蝉しぐれ、南風、日焼け、濃い影、かき氷、サングラスなど、夏演出キーワードをさりげなく随所に織り交ぜ、服装にも夏らしさを配慮しましょう。

そして必ず訪れる夏の終わりのラストシーンは、淡い愁いを帯びながらも鮮やかな印象を残すハッピーエンドが似合います。

〝夏〟の学生物語は学校が休みなので部活かバイトが中心に

秋 【あき】

[英：autumn]

【意味】
日本の習慣上は9〜11月、暦の上では立秋から立冬の前日まで。

【類語】
初秋　暮秋　残暑　涼秋　冬隣

関連語と文章表現

- 淡い青空が高くなる
- 色づきはじめる紅葉
- 野原一面に広がるコスモス
- 仮装した子どもたちがぞろぞろ歩くハロウィーンの夜
- きのこや栗といった旬の味覚が八百屋に並ぶ
- 河川敷で月見に興じるカップル
- 運動会の振替休日により、学生でいっぱいのテーマパーク
- 夏服から衣替えする
- 夜空にくっきりと浮かび上がる鮮やかな中秋の名月
- 味覚あふれる食欲の秋
- 風邪薬のＣＭが目立ってくる
- さんまの豊漁を伝えるニュース
- 道端に積もる街路樹の落ち葉
- 朝晩に肌寒さを覚える日
- 公園に落ちている無数の銀杏
- 空気がからりと乾燥する
- 散歩しているとどこからともなく漂う金木犀の香り
- 七五三で神社に詣でる家族
- 松茸に舌鼓を打つ
- 南風から北風へと変わる
- 温泉が恋しくなってくる季節
- 文化祭のピークシーズン
- 何かと体調を崩しやすい季節の変わり目
- 日没が早まって夜が長くなる
- 紅葉狩りに出かける老夫婦
- 一年のうちで、もっとも快適で過ごしやすい季節
- アウトドアスポーツを楽しむ
- 観光客が増える秋の京都
- ゆっくりと芸術や読書を嗜む

CREATOR'S FILE

日本らしい独特の季節感に満ち ビジュアル的な彩りを添える

鮮　烈な夏と比べ、〝秋〟はどこか切ない季節です。寒い冬へと向かうことも心理的に影響を及ぼすのかもしれません。

とはいえ「秋」は、**ほかの季節にないロマンチックな雰囲気が漂います**。紅葉する木々、澄んだ高い空、夜空に瞬く星や美しい月など、日本らしい独特の季節感に満ち、物語にビジュアル的な彩りを添えられます。そんな「秋」をテーマにイメージをふくらませると、さまざまな展開が浮かびます。たとえば、舞台は都会から離れた美しい山里か、風光明媚な古都。ロマンチックな「秋」だけに恋愛を扱うものの、それだけでは短絡的。家族や友人との人間ドラマを基軸とした群像劇に、ミステリー要素も絡めて──。

固有の糸口から裾野を広げ、柔軟に発想していくうち、次々とアイデアがつながる場合があります。「秋」のような美しい季節に着目し、印象的なシーンを思い浮かべながらプロットを構成してみるのも一手です。参考にしてみてください。

大胆な発想の点と点のつながりが奇想天外な物語を紡ぐ

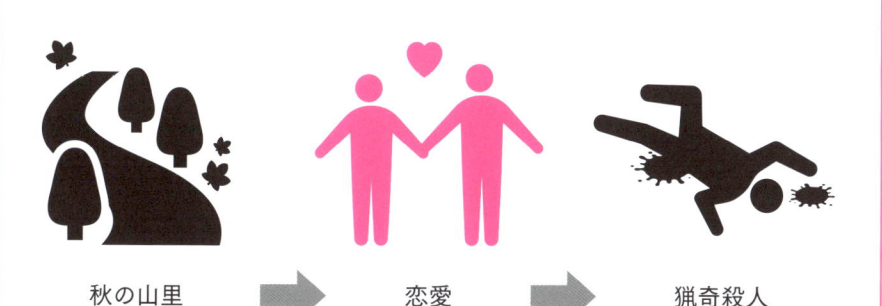

秋の山里　　➡　　恋愛　　➡　　猟奇殺人

冬 【ふゆ】

[英：winter]

【意味】

日本の習慣上は 12 ～ 2 月、暦の上では立冬から立春の前日まで。

【類語】

冬場　真冬　厳冬　三冬　歳末

関連語と文章表現

- 街のあちこちで目にする美しいイルミネーション
- 朝起きて一面の雪景色に驚く
- 夕食の献立で増えてくる鍋料理
- 一日中暖房が欠かせなくなる
- 北海道では早くも初雪が降った
- 外出時に手放せないカイロ
- 師走らしい慌ただしさが満ちてくる年末の街中
- 風邪が流行して学級閉鎖になるクラスが続出する
- 焼き芋がおいしい季節
- 廃れてきた年賀状の習慣
- 冬といえばやっぱりこたつ
- コンビニで人気のおでん
- 親戚にお年玉を配る
- 成人式でにぎわう市民会館
- 箱根駅伝で母校を応援する
- 億劫になる年末の大掃除
- 海外旅行客でごった返す年末年始の国際空港
- 除夜の鐘に耳を傾ける
- 昭和的な忘年会や新年会を敬遠する若手社員たち
- 福袋を買い求める長蛇の列
- 帰省する人たちが集中して大渋滞となる高速道路
- 正月を過ぎてもずっと冷蔵庫に鎮座するおせち料理
- 冬の熱燗に目がない父親
- 今や盛り上がりに欠けるバレンタインシーズン
- セールで掘り出し物を見つける
- 門松を飾らなくなって久しい
- 節分の豆まきで鬼になる
- 厚手のコートを新調する

CREATOR'S FILE

真冬のシーンからはじまる物語は
不穏で波乱含みの展開が多い

寒い〝冬〟は、つい気持ちも沈みがちです。日の出が遅く、日の入りが早いのもあるでしょう。途切れのない雲に覆われた曇天の日など、体の芯まで冷え込むようで外出が億劫になります。

もちろん「冬」好きな人もたくさんいます。ウィンタースポーツが趣味の人、凛とした空気感が心地いい人、重ね着でお洒落を楽しみたい人などなど。冬には冬のよさがありますから。

しかし一般的に真冬のシーンからはじまる物語は、不穏で波乱含みの展開が多い気がします。雪山で事故が起きたり、極寒の道で撃たれたりと、油断なりません。そんな「冬」を舞台とする物語の最大の特徴は、その先に春が待ち受けること。**来たる雪解けの季節が救いとなるべく、やがて難題はクリアされ、一筋の光明が差し込みます。**つまり、希望に満ちたエンディングをより鮮やかに演出するため、序盤から負の流れが連綿と続くと捉えれば、「冬」からはじまる物語の見方が変わってくるというものです。

絶望的状況からの脱出が〝冬〟の物語の醍醐味のひとつ

朝【あさ】

[英：morning]

【意味】
夜が明けて間もないころから午前中の早い時間帯まで。

【類語】
朝方　明け方　夜明け　朝明け　早朝

関連語と文章表現

- 日の出とともにはじまる一日
- 鳥のさえずる声で目覚める
- 家族そろって朝食をとって各々が自宅を出ていく
- 早寝早起きは三文の徳
- もう 30 年以上も続けている朝のラジオ体操
- 午前 6 時にセットしてあるアラームより早く起きる
- バスケ部の朝練に励む長男
- 朝は必ず和食に野菜ジュースと決まっている父親
- 早朝の町に響く新聞配達の音
- 週末の二度寝ほど気持ちのいいものはない
- 夏の朝日はギラギラとまぶしく強烈な熱を含んでいる
- 必ず朝寝坊する息子
- 毎朝焼き立てのパンを買ってきてくれる母親
- 遅刻の常習犯に甘い担任の先生
- 夜勤明けの疲れた体に辛い真冬の極寒の朝
- 身支度を整えてそそくさとマンションを飛び出す彼女
- 釣りは朝まずめが勝負だ
- キッチンから漂ってくる目玉焼きを焼く香ばしい匂い
- すでに混み合っている始発電車
- 公園の散歩を朝のルーティンにしている祖父
- 凛とした朝の空気に触れる
- 朝帰りした娘を厳しく叱る母親
- 朝活でヨガをはじめて以来ストレスがなくなった
- 活気に満ちる早朝のカフェ

CREATOR'S FILE

いつも通りの〝朝〟かと思いきや……
そうはいかないのがお約束

一 日のはじまりを告げる〝朝〟。**情景としては、穏やかで爽やか、さらには清々しいイメージを持たれる方がほとんどのはず。**

　そこが狙い目です。たとえば、いつものような朝を迎えた女子高生の主人公が、いつものように自宅２階の自室を出て、１階のダイニングへ降りていきます。そこにはすでに父と母がいて、間もなく家族３人で朝食をとる日常が待っている、そのはずが──。

　物語のオープニングで朝のシーンが起用されることは珍しくありません。そのまま普段通りの日常からストーリーが流れるパターンがある一方、いつもの静かな朝の情景が刹那で破られる衝撃的展開も、ミステリーやサスペンスではお約束のひとつ。

　着目すべきは、夜明け直後が朝だという点でしょう。闇と表裏一体の反対側が朝だと捉えれば、混沌とした世界が待ち受けていても不思議ありません。誰もが抱く先入観を裏切る不条理な世界観を朝のシーンに盛り込めば、効果絶大の場合があります。

読者の固定概念を覆すことが物語創作の醍醐味のひとつ

昼 【ひる】

[英：daytime]

【意味】

正午の前後を含む、太陽が高く昇っている時間帯。

【類語】

昼間　昼時　日中　真っ昼間　昼日中　白昼

関連語と文章表現

- ランチ時はいつも混み合うお店
- もっとも昼時間が長い夏至
- 習慣になっている 30 分ほどの短時間の昼寝
- 昼活と称して午後の仕事に戻ってこない同僚
- 真っ昼間から酒を飲んでいる人
- 仕事は昼までにどれだけ効率的に片づけるかで勝負が決まる
- ランチ後の昼下がりは眠くなる
- 午後には大気が不安定になる真夏の気象傾向
- 午後休を取得して病院へ行く
- 昼休みすら満足にとれないブラック企業
- お昼は妻の手作り弁当を食べる
- 昼の定義は日の出から日の入りまでの時間帯をさす
- 昼夜兼行で仕事に集中する
- 彼は昼行灯だと嘲笑されている
- 平日の昼下がりの静かな公園
- 皆既日食になると月が太陽を隠すため昼間でも暗くなる
- 一日のうちで代謝がもっとも活発になる昼間
- 昼ドラに熱中する主婦
- 昼間人口（ちゅうかん）の統計を調べる
- 仕事の息抜きに昼カラへ行く
- 昼休みを利用して誰にも知られないよう副業に勤しむ
- 白昼堂々と発生した銀行強盗
- 昼に思ったことを夜寝ているときに夢に見る「昼想夜夢」
- 昼夜が完全に逆転した生活で体調を崩してしまう
- ダイエットのために昼食を抜く

CREATOR'S FILE

人の活動時間として一番長いのに 正確な時間表記が難しい "昼"

人 が活動する時間帯として、もっとも長いのが "昼" です。物語世界においてもストーリー上で昼の占める割合が大部分ではないでしょうか。これは私の実体験ですが、昼にはさまざまな語彙表現があり、「あれ、これって何時ごろまでをさすんだっけ?」などと考えつつ、いつも筆が止まってしまいます。多くのクリエイターのためにも、ここであらためて整理したいと思います。

> ・昼前:9:00 ～ 12:00 ごろまで
> ・昼ごろ:正午の前後それぞれ 1 時間を足した計 2 時間
> ・昼下がり:正午を少し過ぎたころから 14:00 ごろまで
> ・昼過ぎ:正午から 15:00 ごろまで
> ・午後:正午から深夜の 24:00 まで

　厳密な時系列で動くミステリーでは正確な時間を表記する必要があるものの、大概の物語は大ざっぱな時刻表現で話が進行します。ぜひ上記を参考にしてみてください。

「白昼夢」とは昼に目を覚ましたまま幻想を見る不思議な状態

夕方 【ゆうがた】

[英：early evening]

【意味】

夕日の沈むころ。日の暮れかかるころ。

【類語】

日暮れ　夕暮れ　夕べ　夕刻　黄昏

関連語と文章表現

- ゆっくりと太陽が西へ傾く
- 学校から帰宅する生徒たち
- 夕空に浮かぶ幻想的な虹
- 買い物客でにぎわう商店街
- 突然の夕立が降りはじめる
- 帰宅の途につく人たちで電車が混みはじめる
- 逢魔が時に出会う
- 渋滞で遅々として進まない車列
- 西の空が鮮やかなオレンジ色で染まっていく
- 飲み屋街にネオンが灯る
- どのチャンネルでもニュース番組を放映する時間帯
- 夕焼けに直線を描く飛行機雲
- 近所からかすかに漂ってくる夕ご飯の支度の匂い
- 気持ちがブルーになる黄昏どき
- 夏の暮れ紛れの美しい情景に思わず目を見張る
- 夕陽を見るため集まる人だかり
- 外灯の明かりに群がり出す虫
- 暮れ合いに染まる大海原
- 日没間際の森に広がる静寂
- 無数のこうもりが舞う夕闇
- 早くも酒盛りでにぎわう飲み屋
- 誰もいない学校のグラウンド
- サンセットクルーズに出航するプレジャーボート
- 薄暮に覆われる大都会のビル群
- ぐっと気温が下がる冬の夕刻
- 夏の夕暮れどきの河川敷に響くヒグラシの鳴き声
- 東の空から昇りはじめる月
- 駅からどっと流れる人波
- どんどん遅くなる夏の日没時刻

ドラマチックなイベントが似合う ロマンチックな３時間

気象庁では天気予報に使う〝夕方〟の定義を、15:00 〜 18:00 と定めています。つまり、**１日のうちのたった３時間しか夕方は存在しないことになります。**

そんな貴重な数時間の夕方ですが、青春系物語においてはストーリーの展開上、必要不可欠な時間帯として、ていねいに描かれます。

その理由は、放課後が含まれるからです。

放課後には部活があり、下校途中でさまざまな出来事や事件が起きます。学生にとっては帰宅するまでの限定された遊休時間、**すなわち青春の一瞬が夕方に凝縮されているわけです。**

そのなかでも利用価値が高いのは、夕方の醍醐味といえる日没シーンでしょう。西の空が朱に暮れなずみ、いよいよ陽が沈みはじめる情景は、ドラマチックなイベントが似合います。

使い古された手法とはいえ、これはいつの時代でも創作の鉄板。ここぞという決めの場面で有効活用しない手はありません。

美しい夕景は古今東西の青春系物語に欠かせない

夜 【よる】

[英：night]

【意味】

日没から日の出までの、日が沈んで暗くなる時間帯。

【類語】

宵　晩　夜間　夜分　夜更け

関連語と文章表現

- 高台から見下ろす美しい夜景
- 野獣が徘徊する未明の森
- 夜のとばりが街に降りていく
- 深夜でも大盛況のネットカフェ
- 雲ひとつない夜空にぽっかりと浮かぶスーパームーン
- 夜勤のバイトに勤しむ日々
- ナイトプールで映える写真を撮影してSNSにアップする
- 連日の深夜に及ぶ残業続きで過度なストレスを抱えた社員
- 夜行列車でひとり町を出ていく
- 不気味な雰囲気の深夜の公園
- 流星群の観察で有名な南の島
- 無数の明かりが灯るオフィス街
- 著名な心霊スポットで仲間と肝試しにチャレンジする
- 繁華街の路上で酒盛りする若者
- 煌々と燃え盛る漁火
- 夜間に犯罪が多発する住宅街
- 年の瀬を感じる除夜の鐘
- タッチの差で終電に乗り遅れて途方に暮れる会社員
- さまざまな危険が伴う夜間飛行
- 満天の星を仰ぐ
- 灯台の明かりだけを頼りに海原を突き進む一隻の漁船
- 真っ暗闇になる僻地の山村
- 狼は夜目が利くため危険だ
- 夜だけ営業する人気ラーメン店
- キャンプで深夜の焚き火を見つめていると心が安らぐ
- 月も星もない漆黒の夜
- 意識が霞む徹夜明けの朝
- 夜間でも視界を確保する軍仕様の暗視カメラ

物語創作では昼夜の特性を意識して ストーリーにメリハリを

闇 と表裏一体の反対側が朝だと本パート167ページで書きました。〝夜〟＝闇という方程式を暗にほのめかしたのは、**物語における昼夜の役割が暗黙の了解で線引きされているから**。実際のところ、明け方や真っ昼間に、麻薬取引とか猟奇殺人とか銃撃戦が行われる作品は稀です。ダークな事件は必ずといっていいほど、とっぷりと日の暮れた夜の未明に勃発します。一方で見方を変えるなら、**夜こそ善悪がしのぎを削って戦う修羅場となるわけです**。

　夜の描かれ方には別の顔もあります。いわずと知れたホラー系物語の主役、悪霊・化け物・妖怪といった怪異が跳梁跋扈する時間帯として盛り上がりを見せます。

　端的な2例を挙げましたが、物語創作では昼夜の特性を意識してストーリーのメリハリを考えましょう。「暗紛れ」「闇討ち」という語彙があるように、夜ならではの特殊性を生かせば波乱含みのダークな展開が閃くはずです。

真っ昼間にダークな事件はピンとこない

緻密な情景描写は
読み飛ばされる？

　自然、四季、時間帯といった「情景」に類する語彙を解説したPART.5。読了いただいておわかりの通り、情景的要素を理解して文章に取り入れることは、物語創作に不可欠な工数のひとつです。

　半面で、情景描写を丹念に書き綴ったとしても、じつは過半数以上の読者はさささっと読み流して終わります。

　作家の私自身がこう書いてしまうと、なんだか寂しいものがあるものの、これが現実なのです。

　読者は密度感の高い地の文を飛ばしがちで、会話文に重きを置いて展開を捉えようとする傾向があります。ましてや現代はネット文化が主流。流し読みスピードは昭和と比べて格段に速くなったといわれます。そういった時代背景を鑑みると、情景描写のニーズは低いため、周辺環境や時間帯の緻密な描写は必要なく、ストーリーに影響する最低限の情報だけを盛り込むべきかもしれません。

　とはいえ、印象的なシーンに、読者の心へ届く情景を一行だけでも的確にインサートすると、物語らしい余白や間を文意に付加する効果を持つものです。その際に心がけるべきは、読者の感情にリンクして刺さる決めの表現を書き添えること。これに尽きます。誰もが見たはずの原風景のような夕焼けであったり、朝日であったり、そういうフィクションの印象深い情景がさらりとリアルに描ければ、書き手としてステップアップした証といえるでしょう。

検定

実践してコツをつかむ
クリエイター語彙力検定

クリエイター語彙力検定　感情編①

PART.1 で紹介した感情のなかから、書き分けが必要となる語彙をピックアップ。心と体の反応表現を２つ以上使って文章をつくってみましょう。

NO.01　　　P.018 〜 021 参照

好き

恋愛感情

恋愛感情以外

怒り

自分が何かされたとき

親しい人が何かされたとき

悲しみ

自分に何かあったとき

親しい人に何かあったとき

※著者の例文は P.188 にあります。私的使用に限り、コピーしてお使いください。

クリエイター語彙力検定 感情編②

前頁に引き続き、PART. 1の感情の語彙を心と体の反応表現を2つ以上使って、自分なりの文章を考えてみましょう。

NO.04　　　　　　　　　　　　　　　　　　P.038〜039 参照

勇気

NO.05　　　　　　　　　　　　　　　　　　P.040〜041 参照

憧れ

NO.06

P.048 〜 049 参照

殺意

NO.07

P.052 〜 053 参照

驚愕

NO.08

P.062 〜 063 参照

嫉妬

※著者の例文は P.188 にあります。私的使用に限り、コピーしてお使いください。

クリエイター語彙力検定 **アクション編**

PART. 2で紹介したアクションのなかから、使う頻度の多い語彙をピックアップしています。描きたい状況をふまえた表現を心がけましょう。

NO.01　　　　P.072〜073 参照

歩く

NO.02　　　　P.074〜075 参照

走る

NO.03　　　　P.092〜093 参照

話す

NO.04　　　　P.094〜095 参照

聞く

NO.05 P.100 〜 101 参照

遊ぶ

NO.06 P.080 〜 081 参照

食べる

NO.07 P.082 〜 083 参照

飲む

NO.08 P.108 〜 109 参照

殴る

※著者の例文は P.188 〜 P.189 にあります。私的使用に限り、コピーしてお使いください。

クリエイター語彙力検定 仕草編

PART.3で紹介した仕草を参考に、部位ごとにどんな仕草が考えられるか
サンプルイラストに合った文章を書き出してみましょう。

NO.01　　　P.118 ～ 119 参照

目

NO.02　　　P.120 ～ 121 参照

口

NO.03　　　P.122 ～ 123 参照

鼻

サンプル

NO.04　　P.124 〜 125 参照

体

NO.05　　P.126 〜 127 参照

手・腕

NO.06　　P.128 〜 129 参照

足

NO.07　　P.130 〜 131 参照

その他

サンプル

※著者の例文は P.189 にあります。私的使用に限り、コピーしてお使いください。

クリエイター語彙力検定　状態編

PART. 4で紹介した状態編を参考に、設定する人物がどんな状態にあるか的確に文章化してみましょう。

NO.01

P.136 〜 137 参照

死・仮死

NO.02

P.138 〜 139 参照

病気

NO.03

P.140 〜 141 参照

ケガ

NO.04 P.142 ～ 143 参照

不衛生

NO.05 P.144 ～ 145 参照

酔う

NO.06 P.146 ～ 147 参照

裕福

NO.07 P.148 ～ 149 参照

貧困

※著者の例文は P.189 にあります。私的使用に限り、コピーしてお使いください。

PART. 5で紹介した情景のなかから、いくつかの語彙をピックアップ。サンプルイラストを例に、必須ワードを取り入れながら書き出してみましょう。

サンプル

NO.01　P.154〜155、P.160〜161、P.168〜169 参照

【必須ワード】

太陽・昼・夏

サンプル

NO.02　　P.156～157、P.172～173 参照

【必須ワード】

月・夜

NO.03　　P.164～165、P.166～167 参照

【必須ワード】

冬・朝

サンプル

※著者の例文は P.189 にあります。私的使用に限り、コピーしてお使いください。

クリエイター語彙力検定 解答編

ここでは、**秀島先生の解答例を紹介します。自分の書いた文章と比べつつ、ぜひさらなる創作の参考にしてください。**

P.176	好き	【恋愛】彼女に向き合うと切なさで胸が苦しくなる。うまく言葉がでてこない。勉強も手につかなくなった。この恋がうまくいかなければ、僕はどうなってしまうかわからない。
		【恋愛以外】本当に頼りになる、ナイスガイだ。最初は大嫌いだったけど、一緒に仕事するうち尊敬の念を抱くようになった。今では話しているとつい本音がこぼれてしまう。
P.177	怒り	【自分が何かされたとき】こんな目に遭わされるとは。あの勝ち誇った顔を思い返しただけで胃のあたりがむかむかする。あいつの何もかもが気に入らない。絶対に復讐してやる。
		【親しい人が何かされたとき】彼女が殺された。初めて聞いたときは衝撃で頭から血の気が引いた。悔しくてやりきれない。時間の経過につれ、俺のなかで別の感情が湧いてきた。
	悲しみ	【自分が何かあったとき】完全に退路を断たれてしまった。私は泣きながらその場に崩れ落ちた。これで八方塞がり。すべて終わった。そう考えただけで辛くて胸が張り裂けそうだ。
		【親しい人に何かあったとき】彼の落ち込みようは半端ない。見ているだけで痛ましい。慰めの言葉が見つからない私は、励ますように彼の肩を抱き、しばしの時間を共有した。
P.178	勇気	どんなに障壁や妨害があっても絶対にやり遂げてやる。目標を達成するためなら手段をいとわない。ここまで支えてくれた仲間の気持ちを思い、俺は捨て身で突撃する覚悟を決めた。
	憧れ	ついにここまできた。長年憧れ続けた目標にいよいよ手が届く。そう思っただけで緊張して手汗が滲む。盲目的に追い求めてきたが、諦めなければ願いは叶うのだ。強く実感する。
P.179	殺意	ずっと尊敬していた先生だった。けれど、私は誤解していた。あんな男だったとは。辱めを受けたとき、一気に頭に血がのぼった。反抗心がふくれ上がった。だから殺してやった。
	驚愕	部屋に横たわる腐乱死体を見た瞬間、絶句して息を飲んだ。どうしてこんなことが――頭が真っ白になり、僕はただ立ち竦むことしかできなかった。次の瞬間、胃液がこみ上げてくる。
	嫉妬	成功した奴の晴れ晴れしい顔を見るたび、憎しみが膨れ上がった。劣等感に溺れる自分に気づいたものの、もはや手遅れだ。怒りで頭がぐらぐらし、まともな感覚が失われていく。
P.180	歩く	ようやくここまで到達できた。長い旅路の苦難や逆境を思い浮かべながら、私は意気揚々と力強く一歩を踏み出す。ともに進む仲間たちも堂々とした足取りで前へと歩んでいく。
	走る	みるみる追手が迫ってくる。圧倒的な数だった。捕まれば命はない。凄惨な拷問が待つ。味方の誰もが戦うことを諦め、歯を食いしばって力走する。私も刀を捨てて命懸けで疾走した。
	話す	クラスで今後の方針を話し合っていると、突然彼が立ち上がってひとり異論を唱えはじめた。誰もが眉をしかめて無言になる。彼の意見はくどくど失敗の言い訳をしているだけだった。
	聞く	しょうがなく彼女は恋人からのお願いを聞くも、すでに何十回も繰り返された内容だった。右の耳から左の耳へと言葉が通り抜けていく。やがて気持ちが離れていく自分に気づいた。
P.181	遊ぶ	あいつはまったく働きもせず、遊興にふけってばかりいる。まわりは呆れ返っていた。道楽の限りを尽くしているように映ったからだ。だが違った。やるべきことは押さえていたのだ。
	食べる	三日三晩なにも口にしていない、という話はどうやら本当のようだ。料理を前にしたとたん、旅人はがつがつと飯を喰らい、ひと言も発しなかった。やがてあっという間に平らげた。
	飲む	よほど怒っていたのだろう。むしゃくしゃして一気にジョッキを空けた彼女はそれだけでは収まらず、ショットグラスのバーボンをひと口であおった。やれやれ、どうしたものか。

	殴る	敵に囲まれるや、猛進してきた男から先制パンチを食らう。だが致命傷じゃない。すぐに体制を立て直して応戦した。相手の二発目を避けると同時、俺の渾身のひと振りが決まる。
P.182	目	久しぶりにカフェで対面する。彼女は大きな二重の瞳を凝らして甘えてくる。僕は突き放すように視線を逸らす。そうしなければ彼女のためにならない。あえて僕は鬼になる。
	口	グロスで光る、ぷっくらとした彼女の唇がわずかに動きながら、きゅっと下唇を噛む。彼女が何を言いたいか、その仕草と面差しでわかった。もうこれでお別れなんだろう――。
	鼻	お互いに無言だったものの、僕は気づく。彼女は鼻でゆっくり呼吸していた。もう気持ちは落ち着いてきたのだろう。切り出すなら今だと思いつつ、想いはまるで言葉にならない。
P.183	体	誰もが疑心暗鬼だった。そのくせ犯人を名指しする者は皆無だ。その時、メイドの彼女が口火を切り、堂々とした態度で胸を張った。メイド探偵という噂は本当だったのだ。
	手・腕	両手を腰に当てて居丈高に「お静かに！」と叫んだと思ったら、今度は偉そうに腕組みして「そこへ座りなさい」と全員に命じた。いきなりの展開に焦ったが、誰もが彼女に従った。
	足	自信のほどは彼女の態度でわかった。足裏で踏ん張って仁王立ちするその姿は、なにもかも確信している様子だ。いったいいつばれたのだろう。私は慄きながらも平静を装った。
	その他	まるで掴みどころのない子だった。挨拶しても関節をポキポキと鳴らすだけで何も返さない。優しく話しかけてみても同じだ。片手でスマホを器用に操作するだけで謎の無言を貫く。
P.184	死・仮死	この大惨事の責任をとるため、死をもって償うと言って彼は自ら命を絶とうとした。なんとか一命を取りとめたものの、いまだ生死の境目を彷徨っている。結局、真相は藪の中だ。
	病気	まるでディストピア映画のようだ。絶望的な不治の病が世界を席巻して早二年。寝たきりの生活を送る患者が急増し、効果的な治療法は確立されていない。このままでは地球は――。
	ケガ	チャンピオンとの試合で頬に負った深い傷が疼く。しかも殴られて歯を折られた。すべてを賭けた試合で俺は大敗を喫した。だが、諦めたわけじゃない。絶対に王座に返り咲いてやる。
P.185	不衛生	鼻を突く悪臭に思わず後ずさる。こんなごみごみしたスラム街に彼女は住んでいるというのか。俺は長年無人の朽ち果てた廃屋へと向かう。なんとか彼女を見つけて救出しなければ。
	酔う	昨晩は失敗した。空腹で酒を飲むと酔いが速いのはわかっていた。それなのについ飲みすぎた。しかも、あの人は酒癖が悪い。なにかと絡まれ、結局明け方まで捕まってしまった。
	裕福	人生とはわからないものだ。彼女は億万長者といわれる年収を誇り、何不自由なく生活していた。それなのに例の事件ですべてを失ってしまった。この先、彼女はどうするのだろう。
	貧困	ずっと米すら買えない貧しい生活を送っていた。貧困とは罪深い。さもしく荒んだ心持ちが当たり前となってしまう。結果として前向きな思考ができなくなり、負のスパイラルに陥る。
P.186	太陽・昼・夏	日差しがぐんぐんと強くなり、夏の足音が近づいているのがわかる。平日の昼下がりになると僕は公園のベンチで休憩していたが、こうも暑いともっと涼しい場所に行くしかない。いつもと違う道を歩いていると、太陽に向かって咲き誇る向日葵たちが視界に入る。「なんて美しい景色なんだ……」一面が黄色に染まった絶景を目の前に、僕は暑さのことなんてすっかり忘れていた。
P.187	月・夜	ぽつんと海岸に佇む。空を見上げると満月が光り輝いていた。秋の海原に反射された月の道を眺めながら口ずさむ。彼女が大好きだった月の唄を。楽しかった日々の記憶がありあり蘇る。知らない間に涙が頬を濡らす。脳裏に浮かぶのは、移ろいゆく月夜を眺めていたあのときの僕たち――。「さようなら、今までありがとう……」僕は夜行列車に飛び乗り、ひとり街を出ていった。
	冬・朝	セットしたアラームよりも早く目覚めた午前6時。窓のカーテンを開けて外を覗くと、一面の雪景色に驚いた。「今日は朝早いのね、ごはんできているわよ」そんな母親の声とともに、目玉焼きの香ばしい匂いがキッチンから匂ってくる。朝は必ず和食に野菜ジュースと決まっている父親と食事をすませると、各々が自宅をあとにする。「行ってきます！」今日という一日のはじまりだ。

おわりに

　クリエイターシリーズとして8作目となる本書です。

　プロローグでも触れましたが、『上級編』とはじめて銘打った一冊であり、今まで以上に充実した密度感の濃い内容になっています。

　さて、私も読者のみなさまと同じように、プロの小説家を目指して、こつこつと文章を書き続ける日々がありました。当初の出来事で、今も鮮明に覚えている体験を打ち明けたいと思います。

　初の物語を執筆し、約9カ月が経ったころ、某新人賞に応募する長編小説をなんとか仕上げました。書き上げた興奮と感動で喜んでいたのも束の間、プリントアウトした約400枚の第一稿の推敲に取り組むうち、胃が痛くなって7枚ほどで中止しました。

　何よりひどかったのは同じ表現の繰り返しです。特定の動詞や形容詞が一枚に10数回使われ、状況にちぐはぐな同一の言い回しが無意味なほど散見され、とても読めた代物ではありません。

　伝えたい物語があるのに、書きたいテーマもメッセージもあるのに、形にすることができない——このもどかしさと現実の壁に打ちのめされ、結局のところその原稿の応募は取りやめました。

それでも数カ月が経過するうち、再びむくむくと創作欲が沸き起こりました。どうしても執筆を諦めきれなかったのです。

　その後、もう一度だけ、と奮起してからは、とにかく語彙力と文章力を鍛えるため、読書量を増やすことを心に決めました。

　「状況に合わせた語彙選び」「言い換え表現の増強」という2点を念頭に置き、ストーリーを追うより、作中の文章を解析・研究するための読書に集中しました。そのうち物語の捉え方が変わってきて、読者を意識したわかりやすい文章と表現方法が見えてきます。

　やがて執筆を本格的に再開し、プロの小説家としてメジャーデビューできたのは、約2年後のことでした。おそらくストーリーの創作にだけ集中していれば、プロの小説家にはなれなかったでしょう。

　本書シリーズは当時の私が悪戦苦闘しながら血肉とした語彙ノウハウの集大成のひとつです。どうか、ひとりでも多くの方々のスキル＆モチベーションの向上につながれば、と切に願います。

2024年　初秋の朝旦に　　　秀島 迅

著者　**秀島 迅**（ひでしま じん）

青山学院大学経済学部卒。2015年、応募総数日本一の電撃小説大賞（KADOKAWA）から選出され、『さよなら、君のいない海』で単行本デビュー。小説家として文芸誌で執筆活動をしながら、芸能人や著名人のインタビュー、著述書、自伝などの執筆も行っている。近著に長編青春小説『その一秒先を信じて シロの篇 / アカの篇』2作同時発売（講談社）、『プロの小説家が教える クリエイターのための能力図鑑』（日本文芸社）などがある。また、コピーライターや映像作家としての顔も持ち、企業CM制作のシナリオライティングなど、現在も月10本以上手がけている。
Xアカウント：@JinHideshima

BOOK STAFF

編集	細谷健次朗（株式会社G.B.）
編集協力	吉川はるか、池田麻衣、幕田けい太
カバーイラスト	456
本文イラスト	真崎なこ
図版	Q.design
装丁・本文デザイン	別府 拓、奥平菜月（Q.design）
校正	聚珍社

プロの小説家が教える クリエイターのための語彙力図鑑 上級編

2025年1月1日　第1刷発行

著　者　秀島 迅
発行者　竹村 響
印刷所　株式会社文化カラー印刷
製本所　大口製本印刷株式会社
発行所　株式会社 日本文芸社
　　　　〒100-0003　東京都千代田区一ツ橋 1-1-1 パレスサイドビル 8F

Printed in Japan　112241218-112241218 Ⓝ 01　（201132）
ISBN978-4-537-22256-2
©Jin Hideshima 2025
編集担当　藤澤

乱丁・落丁などの不良品、内容に関するお問い合わせは、
小社ウェブサイトお問い合わせフォームまでお願いいたします。
ウェブサイト　https://www.nihonbungeisha.co.jp/

法律で認められた場合を除いて、本書からの複写・転載（電子化を含む）は禁じられています。また、代行業者等の第三者による電子データ化および電子書籍化は、いかなる場合も認められていません。